Für Henri

Dieses Buch wäre ohne tatkräftige Unterstützung nicht möglich gewesen.

Vielen Dank an Kira, Kathrin, Bianca, Alina, Jan, Matthi und Max für eure Mitarbeit, an Thomas und Sven für eure Beiträge und an meine Frau Juliane für deine Unterstützung.

INHALT

LIEBE LESERIN,
LIEBER LESER,

———

du möchtest durchstarten und mit deinem Business exponentiell wachsen? Du möchtest zu den Menschen gehören, die mit unbeugsamem Aufstiegswillen, Ehrgeiz und Durchsetzungsvermögen den digitalen Markt dominieren?

Dann ist dieses Buch genau für dich geschrieben.

Digitale Dominanz bedeutet, dass ein Unternehmen in mindestens einer relevanten digitalen Disziplin besser ist als die Konkurrenz. nternehmen in mindestens einer relevanten digitalen Disziplin besser ist als die Konkurrenz. Das bedeutet, es beherrscht eine entscheidende Stellschraube besser als seine Mitbewerber und dominiert in diesem Bereich. Digitale Dominanz ist der entscheidende Faktor für Erfolg oder Misserfolg.

Mit diesem Buch hast du die Möglichkeit, die typischen Fehler zu vermeiden, die auch ich anfangs gemacht habe. Du lernst erfolgserprobte Strategien, die auf Erfahrungen aus der Praxis beruhen und du wirst lernen, was exzellentes Marketing bedeutet. Dabei handelt es sich nicht um ein theoretisch-wissenschaftliches Fachbuch. Nach den einleitenden Kapiteln stelle ich dir die sieben Grundregeln der digitalen Dominanz vor. Jedes dieser Kapitel beinhaltet einen Praxisteil, in dem ich dir zeige, wie wir auf Basis meiner Regeln unsere unternehmerischen Aktivitäten gestaltet haben.

Ich bin mittlerweile über 10 Jahre Unternehmer und digitales Marketing war dabei immer mein Schlüssel zum Erfolg. Aber um in der digitalen Welt erfolgreich zu sein, muss man sich an gewisse Spielregeln halten. Meine Regeln für digitale Dominanz werde ich dir in diesem Buch vorstellen. Sie werden dir dabei helfen, dich auf die entscheidenden Stellschrauben zu fokussieren, in deinem Markt zu dominieren und deine Dominanz Schritt für Schritt weiter auszubauen.

Aufgrund der Breite und Tiefe, mit der wir die einzelnen Themen behandeln, ist dieses Buch sowohl für ambitionierte Gründer als auch für gestandene Unternehmer und Online Marketing Spezialisten geeignet. Versuche nicht, alle Regeln in allen Bereichen sofort 1:1 umzusetzen, sondern gehe Schritt für Schritt vor und baue deine Dominanz stetig weiter aus.

Bist du bereit, die digitale Sphäre zu dominieren?

ÜBER DEN AUTOR

Christoph J. F. Schreiber ist CEO und Inhaber von Digital Beat und drei weiteren Unternehmen.

Er ist außerdem Veranstalter der Contra und zahlreicher weiterer Events, wie der One Idea Mastermind, der Cologne Spirits und von führenden Online-Kongressen mit über

Teilnehmern jährlich. (Darunter auch der größte Online-Kongress Deutschlands – der Erfolgskongress.)

Zudem hat er zahlreiche Bücher und Studien rund um das Thema digitales Marketing veröffentlicht

VORWORT VON SVEN PLATTE

Gründer von Digistore24

„Dominanz" bedeutet im Kontext des Marktes die Vorherrschaft, also die überwiegende Verbreitung eines Produkts bzw. einer Dienstleistung auf diesem Markt. Die Definition im Kontext der Spieltheorie gefällt mir noch besser: sie bedeutet, dass jeder Spielzug, ungeachtet der gegnerischen Antwort, zu einem besseren Ergebnis für dich als jeder andere Spielzug des Gegners führt. Ich verwende gerne die Metapher des „Spiels" im geschäftlichen Zusammenhang. Business ist für mich schlussendlich eine Art Spiel. Du kannst mal gewinnen oder verlieren, das Leben geht dennoch weiter.

Aber wie gewinnst du das Spiel und dominierst digital? Indem du dir ein Business, bzw. eine Nische suchst, in der genau das passieren wird: ungeachtet dessen, was Mitbewerber tun; dein Spielzug ist der Bestmögliche für dich. Willkommen im

„digitalen Info-Business"! Wenn du dich geschickt anstellst, kannst du, wenn du die Regeln des vorliegenden Buchs befolgst, genau das tun: im Business dominieren und das im Sinne der Spieltheorie. Dann ist jeder Schachzug deiner Konkurrenz ohne negativen Einfluss auf dich.

Wenn du einen „heißen Markt", also die richtige Nische für deine Infoprodukte findest und dich an die Regeln des digitalen Business hältst, dann ist die Dominanz in deiner Nische sehr wahrscheinlich, wenn nicht sogar unausweichlich. Der beste Kunde für die 11. Diätpille am Markt ist derjenige, der die anderen 10 bereits gekauft hat. Das Gleiche gilt für Infoprodukte. Jemand, der ein Abnehmbuch gekauft hat und sich für das Thema interessiert, wird auch weitere Abnehmbücher kaufen. Unsere Kundendatenbank ist voller solcher Beispiele. Deine Mitbewerber „erweitern" deinen Markt für dich; wenn du mit der richtigen „Ansprache" und der richtigen Problemlösung deinen Kunden begegnest, werden sie kaufen. Und wenn du es dazu noch schaffst, in einem relevanten Bereich besser Probleme zu lösen als deine Konkurrenz, dann hilft sie dir nur bei deiner eigenen Verbreitung auf dem Markt.

Mit der Plattform Digistore24 habe ich genau das erlebt. Es gab zum Start im Jahre 2013 bereits Konkurrenten wie Clickbank oder Shareit. Als jemand, der selbst Infoprodukte verkauft hatte, kannte ich die Kundenbedürfnisse des Marktes genau und war in der Lage, sie zu besser zu befriedigen. Wir konnten unseren Kunden mit Einfachheit und wirksameren Features besser dienen als die anderen Plattformen, die meiner Wahrnehmung nach einfach nicht mehr weiterentwickelt wurden. Dies führte zu unserer digitalen Dominanz.

Christoph Schreiber und Thomas Klußmann haben mit ihrem Eventangebot Contra und ihrer One Idea Mastermind ebenso Angebote geschaffen, die digital dominieren, indem sie reale „Probleme" der Zielgruppe besser lösen als ihre Wettbewerber. Die Contra ist Stand heute DAS Event in Deutschland schlechthin, wenn es um die wichtigsten digitalen Businessthemen geht: Traffic und Conversion. Wenn ich Besucher einer anderen Veranstaltung war, werde ich dann trotzdem zur Contra gehen? Keine Frage, dann erst recht. Von ihren „Mitbewerbern" habe ich vor allen Dingen gelernt, dass ich noch mehr Wissen brauche, weil das Thema Traffic und Conversion so wichtig, aber auch schwierig und im Wandel ist.

Das alles mag einfach klingen; das ist es auch, wenn du die Regeln befolgst. Aber warum schaffen es dennoch nur so Wenige? Weil sie den Fokus auf die falschen Dinge legen und zu viel gleichzeitig wollen. Die Welt da draußen ist darauf ausgelegt, dich den ganzen Tag abzulenken und dir immer neue Business-Möglichkeiten aufzuzeigen. Fokussiere dich stattdessen darauf, EINEN Bereich besser zu lösen als andere und sei stetig. Ein Sonnenstrahl kann Papier nur unter einer Lupe, also fokussiert, entzünden. Auf das dein Erfolgsfeuer lichterloh brennen möge.

Dein Sven Platte

DIE
WACHSTUMSCHALLENGE

Nur Menschen, die sich ambitionierte Ziele stecken, werden auch etwas bewegen und ich freue mich, dass du dich dieser Herausforderung stellst und digital dominieren willst.

Ein Unternehmen zu gründen ist neben der wirtschaftlichen Herausforderung auch eine persönliche. Es erfordert Mut und Durchhaltevermögen, aber bietet neben Selbstverwirklichung auch jede Menge Abenteuer und im Erfolgsfall eine reiche Entlohnung. Leider wagen diesen Schritt in Deutschland immer weniger Menschen: Während sich im Jahr 2014 noch 915.000 Deutsche für die Selbstständigkeit entschlossen, waren es in 2017 nur noch 557.000.

Was glaubst du, wie viele dieser Gründer treten überhaupt mit dem Ziel an, mit ihrem Unternehmen ambitionierte Wachstumsziele zu erreichen? Nur jeder Vierte.

Selbstverständlich gibt es unterschiedliche Intentionen für Gründungen und manche Unternehmen wie bspw. ökologische Betriebe wollen bzw. können überhaupt nicht quantitativ, sondern "nur" moderat wachsen. So bilden sich die Chancen und Herausforderungen für jeden Einzelnen natürlich ganz individuell. Auch ich habe schon mit viel Spaß und Leidenschaft kleine Unternehmen aufgebaut, die in dieser Größe am besten funktionierten.

Ich bin der festen Überzeugung, dass man als Unternehmer zumindest die Neugier und den Ehrgeiz haben sollte, einmal ein großes Unternehmen aufzubauen und ich möchte jeden dazu ermutigen, sich diesem spannenden Abenteuer zu stellen. Denn wenn man sich einmal entschlossen hat, diesen Pfad einzuschlagen, fängt die eigentlich spannende Herausforderung erst an. Mach Wachstum zu deiner Challenge! In diesem Buch erfährst du, wie du mit digitaler Dominanz schneller wächst als deine Mitbewerber.

Damit das möglich ist, solltest du folgenden Punkt unbedingt beherzigen:

Um mit einem Unternehmen in kurzer Zeit wachsen zu können, muss es skalierbar sein.

Skalierbarkeit bedeutet, dass man mit dem Geschäftsmodell auch eine stark steigende Nachfrage unmittelbar bedienen kann. Dafür muss sich das Angebot an eine große Zielgruppe richten, die ein signifikantes Wachstum ermöglicht.

Wenn du diesen Punkt beherzigst und deine Ziele erreichst, wirst du dir irgendwann die Frage stellen: Wann habe ich eigentlich etwas Großes aufgebaut?

Wenn man ein neues Unternehmen gründet, ist der allererste Euro Umsatz ein großer Meilenstein, genauso wie das Überschreiten der 100.000er Grenze und die erste Umsatz- million. Aber ab welcher Größe hat man etwas Herausragendes aufgebaut?

Nur etwa 10 % der rund 3,5 Millionen Unternehmen in Deutschland erwirtschaften mehr als eine Million Euro Umsatz pro Jahr. Mehr als 2 Millionen Euro machen gerade einmal 6,4 % der Unternehmen. Und nur 1,63 % der Unternehmen schaffen es, in den achtstelligen Umsatzbereich zu wachsen. Auch wenn Umsätze branchenübergreifend oft schwer zu vergleichen sind, gibt uns das einen Überblick zur Einordnung von Umsatzgrößen.

Christoph J. F. Schreiber

Um den ersten Schritt zu gehen, braucht es vor allem Mut. Um die Anfangszeit zu überstehen, braucht es Durchhaltevermögen. Um ein Unternehmen groß zu machen und signifikante Umsätze einzufahren, braucht es mehr richtige als falsche Entscheidungen.

Und wenn du es geschafft hast, siebenstellige Umsätze im Jahr zu erzielen, dann ist das eine Leistung, die Anerkennung verdient, denn nur 10 % der Unternehmen schaffen es überhaupt so weit.

Einen Fehler solltest du im Wachstumstunnel unbedingt vermeiden: Vergiss nicht deine Erfolge zu feiern - und seien es nur kleine in Form des ersten Verkaufs. Denn oft merkt man gar nicht richtig, wenn man das erreicht hat, was aus der Distanz unerreichbar erschien. Vielleicht ist man sogar schon weiter, als man es jemals für möglich gehalten hätte.

WACHSTUM BEDEUTET MEHR VERKAUFEN

Wenn ein Unternehmen wachsen will, dann muss es seinen Umsatz erhöhen. Ich möchte dir im Folgenden drei Formeln vorstellen, die für mich entscheidend sind, um seinen Umsatz zu steigern und die entscheidend sind, um digital zu dominieren.

Wenn ein Unternehmen wachsen will, bedeutet das immer, dass es mehr verkaufen muss - an bestehende, in den meisten Fällen aber an neue Kunden. Neue Kunden zu gewinnen orientiert sich immer an einer einfachen Formel:

Erreichte Personen * Überzeugungskraft des Angebots = Anzahl neue Kunden

Die Anzahl neuer Kunden ergibt sich aus der Menge der Personen, die mit deinem Angebot in Kontakt kommen und der Überzeugungskraft deines Angebots. Je mehr Menschen du erreichst und je überzeugender dein Angebot ist, desto mehr neue Kunden wirst du gewinnen.

In der digitalen Welt spricht man hier von Traffic und Conversion. Traffic bezeichnet die Besucher auf den Angebotsseiten und die Conversionrate gibt den Anteil der Besucher an, die sich für das Angebot entscheiden.

In den allermeisten Unternehmen sorgen aber nicht nur die Erst- bzw. Initialkäufe neuer Kunden, sondern auch Folgekäufe bestehender Kunden für Umsatz, beispielsweise weil sie ein Produkt nochmals kaufen oder weitere Angebote in Anspruch nehmen. Deswegen müssen auch immer die bestehenden Kunden betrachtet werden. Entscheidend für uns ist die gesamte Anzahl an Kunden.

Bestehende Kunden + neue Kunden = Kundenanzahl

Kunden sollten immer als aktiver Unternehmenswert verstanden werden, mit dem gearbeitet wird und deren Wünsche und Bedürfnisse bestmöglich befriedigt werden müssen. Dabei geht es nicht nur um die Betrachtung einer einzelnen Transaktion, sondern um das gesamte zukünftige Umsatzpotenzial, das dieser Kunde hat.

Diesen Wert leitet man aus Erfahrungswerten ab oder man muss im Zweifel eine begründete Schätzung vornehmen. Es empfiehlt sich dabei konservativ zu kalkulieren.

Durchschnittlicher Umsatz pro Kunde * Kundenanzahl = Umsatzpotenzial

Um das Umsatzpotenzial zu steigern, muss also der Umsatz pro Kunde (auch als Kundenwert oder im Englischen Customer Lifetime Value bezeichnet) oder aber die Anzahl der Kunden gesteigert werden.

Kosten lassen wir an dieser Stelle bewusst noch außen vor, denn wenn du ein starkes Wachstum forcierst, sind ganz selten die Kosten, sondern fast immer das Nichterreichen von Umsatz- bzw. Wachstumszielen das Problem. Die Optimierung der Kosten folgt im zweiten Schritt.

Vor dem Hintergrund Wachstum sind allerdings die Aquisitionskosten besonders zu beachten. Auf die direkten Akquisitionskosten pro Kunden komme ich am Ende dieses

Kapitels noch einmal zurück.

Wenn wir uns diese beiden Stellschrauben 'Umsatz pro Kunde' und 'Kundenanzahl' anschauen, wird klar, dass beide ein immenses Potenzial bergen. Allerdings ist die Anzahl der Kunden oft in größerem Maße steigerbar als der Umsatz pro Kunde. Wiederum lässt sich letzteres oft deutlich schneller und einfacher steigern.

Unbedingt beachten sollte man die multiplikative Beziehung der beiden Stellgrößen, denn wenn man jeweils die Anzahl der Besucher und den Umsatz pro Kunde verdreifacht, so steigt der Umsatz um das Neunfache.

Oft entscheiden die richtigen Fragen über Erfolg oder Misserfolg. Diese drei Fragen sind mein Schlüssel zum Erfolg beim Thema Wachstum:

1. Wie bekomme ich mehr Kunden?

2. Wie erhöhe ich den Umsatz pro Kunden?

3. Wie erhöhe ich den Deckungsbeitrag pro Kunden?

WIE BEKOMME ICH MEHR KUNDEN?

Wenn du es schaffst, mehr Neukunden zu gewinnen als deine Mitbewerber, wächst du stärker als diese. Du dominierst.

Wir haben bereits gelernt, dass dafür die Überzeugungskraft deines Angebots und die Anzahl der Personen, die es erreicht, ausschlaggebend sind. Um das zu erreichen, solltest du dich aufmerksam mit den ersten beiden Regeln der Digitalen Dominanz, "Mach dich sichtbar" und "Mache immer ein unwiderstehliches Angebot" befassen, die sich genau aus dieser Frage ableiten.

WIE ERHÖHE ICH DEN UMSATZ PRO KUNDEN?

Wenn du es schaffst, mit jedem einzelnen Kunden mehr Umsatz zu machen als deine Mitbewerber, hat dein Unternehmen eine herausragende Fähigkeit. Du dominierst. Wenn du noch nicht so weit bist, solltest du dir unbedingt die Grundregeln drei bis sechs, "Ein Deal kommt niemals allein", "Rede mit deinen Kunden", "Lerne und mache dein Business jeden Tag besser" sowie "Automatisiere alles" genauer anschauen.

Wenn dir diese Vorüberlegungen etwas zu abstrakt waren, schauen wir uns die beiden entscheidenden Stellschrauben Kundenanzahl und durchschnittlicher Umsatz pro Kunde einmal an einem einfachen Beispiel an:

Wenn ein Kunde ein Produkt kauft, sorgt das für Umsatz in deiner Kasse. Nehmen wir einmal an, du hast einen großen Online Shop, auf dem du Elektrogeräte vertreibst. Herr Müller kauft nun einen deiner Fernseher zu einem Preis von 499 €, der regulär für 749 € verkauft wird, also ein wirklich herausragendes Angebot. Damit zeigst du Profil und stellst zugleich die Bedürfnisse des Kunden in den Mittelpunkt. Und da das Produkt an sich bereits sehr überzeugend ist, gewinnst du noch mehr Kunden, indem du speziell auf dieses Angebot aufmerksam machst, das sich von der Konkurrenz unterscheidet.

Den Umsatz pro Kunden erhöhst du, indem du ihm direkt nach dem Kauf eine passende Wandhalterung, eine Soundanlage oder direkt die passende Heimkinoausstattung verkaufst. Nehmen wir mal an, diese Soundanlage würde dir zusätzlich 200 € Umsatz einbringen, dann sind das 200 € Umsatz mehr als deine Konkurrenz, die im Anschluss kein passendes Angebot macht.

WIE ERHÖHE ICH DEN DECKUNGSBEITRAG PRO KUNDEN?

Oftmals reicht es aber nicht aus, den Umsatz zu optimieren, sondern viel entscheidender ist der Deckungsbeitrag - oder noch genauer gesagt der Deckungsbeitrag 1. Dieser bezeichnet den Teil des Umsatzes, der nicht direkt durch variable Produktkosten wieder ausgeglichen wird. Klassischerweise sind das Herstellungs- oder Einkaufskosten. Die 499 € Umsatz durch deinen Fernseherverkauf kannst du logischerweise nicht komplett behalten. Nach Abzug der Umsatzsteuer bleiben 419,33 € Nettoumsatz. Von diesen müssen in unserem Fall 200 € Einkaufspreis abgezogen werden, ebenso wie Versand- und Zahlungsabwicklungskosten - hier gehen wir von 40 € aus. Nach dieser Betrachtung würden 179,33 € Deckungsbeitrag 1 übrig bleiben.

Das solltest du aber auf keinen Fall so stehen lassen. Denn in der klassischen BWL werden Werbekosten nicht auf einzelne Produkte umgelegt, weil das früher oft schlicht nicht möglich war. Im digitalen Zeitalter gibt es aber überhaupt keinen Grund dafür, die Kosten, die durch produktspezifische Werbung entstehen, nicht auch genau in diesen Deckungsbeitrag 1 mit einzurechnen. Mit produktspezifischer Werbung meine ich die Akquisitionskosten für einen neuen Kunden. In diesem Fall gehen wir einmal von 30 € Akquisitionskosten pro Verkauf aus, sodass 149,33 € Deckungsbeitrag 1 übrigbleiben würden, mit denen Fixkosten wie Büro und Mitarbeiter bezahlt werden können.

Umsatz - Akquisitionskosten = Deckungsbeitrag

Wenn du es schaffst, weniger Kosten für einen Verkauf zu haben als deine Mitbewerber, hast du ein immenses Potenzial, um neue Kunden zu gewinnen. Du bist profitabler als deine Konkurrenten. Diesen Überschuss kannst du direkt in neue Kundenströme und somit weitere Verkäufe investieren. Wenn du es schaffst, hier profitabler zu arbeiten als deine

Mitbewerber

und diese Überschüsse schnell in neue Kunden reinvestierst, bist du deiner Konkurrenz einen großen Schritt voraus.

Oft entscheiden die richtigen Fragen über Erfolg oder Misserfolg. Diese 3 Fragen sind mein Schlüssel zum Erfolg beim Thema Wachstum.

Im ersten Schritt geht es um Aufmerksamkeit und um ein passendes Angebot, sodass die Aufmerksamkeit sich auch in Form von neuen Kunden auszahlt.

Die zweite Frage zielt auf deine Prozesse. Kundenkommunikation und Funnel sollten so optimiert werden, dass der Umsatz pro Kunde maximiert wird.

Im dritten Schritt zählt deine Performance. Digital können Marketingaufgaben direkt einzelnen Produkten zugeordnet werden. Je niedriger diese Kosten sind, desto höher ist dein Deckungsbeitrag pro Kunden und desto mehr Budget steht dir für dein Wachstum zur Verfügung.

Diese drei Bereiche machen den Kern digitaler Dominanz aus. Wenn du mehr neue Kunden, mehr Umsatz pro Kunde oder einen höheren Deckungsbeitrag hast als deine Mitbewerber, bist du diesen einen gewaltigen Schritt voraus. Wenn du 'oder' durch 'und' ersetzen kannst, dominierst du diesen Markt endgültig.

Es gibt als drei entscheidende Stellschrauben: Kundenanzahl, Kundenwert und Akquisitionskosten. Zusammen ergeben sie dein Performance Potenzial, dass es zu maximieren gilt.

(Kundenanzahl * Kundenwert) - Akquisitionskosten = Dein Performance Potenzial

DIE KUNDENWELT

Bevor du antreten kannst, um deinen Markt zu dominieren, werfen wir noch einen kurzen Blick auf die ideale Struktur deiner Angebote.

Vor zehn Jahren, als ich mit digitalem Marketing angefangen habe, lag der Fokus oft darauf, einzelne Produkte zu verkaufen. Die Betrachtung wechselte vom Produkt hin zum Kunden und dazu, wie man dem Kunden weitere Produkte und Problemlösungen direkt im Anschluss an seinen Kauf offerieren kann, um den Kundenwert zu maximieren. Die perfekt optimierte Abfolge solcher aufeinander aufbauender Angebote wird Funnel genannt. Aber je größer ein Unternehmen wird, desto wichtiger wird es, nicht nur in einzelnen Funneln zu denken, sondern ganzheitlich über die Funnel hinaus eine funktionierende Kundenwelt zu bauen, die alle Angebote des Unternehmens umfasst und die enthaltenen Produkte und Funnel ideal miteinander verbindet.

Deine Kundenwelt sollte für jede Kundensituation das passende Angebot bereithalten. Egal ob ein Kunde gerade zum ersten Mal auf dein Produkt stößt oder ob er bereits mehrfach bei dir gekauft hat. Die Kundenwelt ist deine Umsatzmaschine.

Kunden betrachten wir als Konsumenten jeglicher Angebote, unabhängig davon, ob diese im ersten Schritt Umsatz erzeu-

gen oder nicht. Durch eine Verbindung mit uns gelangt er in unsere Kundenwelt. Das kann ein Like, ein Abonnieren des Podcasts oder auch der Kauf eines Produktes sein.

Die größte Herausforderung für jedes Unternehmen besteht darin, möglichst viele Kunden für die eigene Welt zu begeistern. Es reicht nicht aus, eine extrem gut funktionierende Kundenwelt zu gestalten, sondern du brauchst vor allem Besucher. Besucher, die sich in dieser Welt wohl fühlen und die Räder deiner Welt zum Laufen bringen.

Besucher bekommst du, indem du deine Kundenwelt ins Rampenlicht rückst, indem du große und helle Scheinwerfer auf diese richtest. Die Scheinwerfer, die deine Kundenwelt hell leuchten lassen und dich unübersehbar machen, sind in der digitalen Welt Traffic-Kanäle wie Social Media, Werbeanzeigen, Affiliate Werbung, Partner Promotions oder auch Podcasts. Die Liste der möglichen Kanäle ist extrem lang.

Kurz zusammengefasst besteht für Gründer die Aufgabe darin, eine funktionierende Kundenwelt zu bauen und sie den Menschen zu zeigen und für bestehende Unternehmen, die Stellschrauben dieser Maschine gezielt zu optimieren und sie ins Rampenlicht zu rücken, um mehr Kunden für ihre Kundenwelt zu begeistern.

WIE UNTERSCHEIDE ICH EINE GUTE KUNDENWELT VON EINER SCHLECHTEN?

Eine gute Kundenwelt unterscheidet sich von einer schlechten durch den Wert des einzelnen Kunden. Der Kundenwert stellt eine abstrakte, aber alles entscheidende Größe dar, die es zu optimieren gilt.

Dieser Kundenwert, auf Englisch etwas präziser Customer Lifetime Value (CLV) genannt, gibt an, wieviel ich über die gesamte Dauer der Kundenbeziehung mit einem Kunden verdienen werde. Auf Basis des zu erwartenden Kundenwerts entscheiden wir, wie viel wir bereit sind zu investieren, um einen Kunden zu gewinnen. Den Kundenwert zu maximieren, neue Kunden zu gewinnen und die Akquisitionskosten zu minimieren, das sind die Schlüssel zu mehr Wachstum. Wie das geht, wirst du in diesem Buch lernen.

Wenn du dich jetzt fragst, ob es nicht einfach nur darum geht, deine Kunden glücklich zu machen, kann ich das nur mit einem Jein beantworten.

Nein, weil es nicht in erster Linie um die Zufriedenheit der Kunden geht, sondern weil diese - zumindest mit der Wachstumsbrille betrachtet - nur ein Mittel zum Zweck ist. Ja, weil zufriedene Kunden mehr wert sind als Unzufriedene, da sie mit einer höheren Wahrscheinlichkeit wieder kaufen und dich weiterempfehlen werden. Aus wirtschaftlicher Sicht betrachtet geht es darum, den Kundenwert insgesamt zu steigern und dabei kann dir eine hohe Kundenzufriedenheit enorm helfen.

Daraus sollte sich folgende Symbiose ergeben: Dein Angebot hilft deinen Kunden dabei, ihr Ziel zu erreichen und sie helfen dir im Gegenzug dabei, dein Ziel zu erreichen.

Das bedeutet aber auch, dass du Kunden, die dich deinem Ziel nicht näher bringen, kritisch hinterfragen solltest.

Du kannst dir eine Kundenwelt in mehrere Sphären aufgeteilt vorstellen. Je weiter sich deine Kunden hineinbegeben, desto erklärungsbedürftiger aber auch hochpreisiger werden deine Produkte. Ganz außen sind deine günstigsten oder kostenlosen Angebote vom Podcast über Whitepaper bis hin zum Gratisbuch angeordnet. So sieht dieser Teil zumindest bei uns aus. Hier gilt es vor allem, Vertrauen aufzubauen, deine Markenbekanntheit zu steigern und die Kunden in die nächste Sphäre zu befördern. Ein Prozess, der den Kunden über verschiedene Sphären hinweg begleitet, ist ein Funnel. Wie genau ein Funnel funktioniert, erkläre ich dir im Praxisteil 3. Als Schöpfer, Erschaffer und Gestalter deiner Kundenwelt hast du alle Stellschrauben in der Hand und kannst die Verbindungen zwischen den Sphären so gestalten, dass der CLV (Customer Lifetime Value) maximiert wird. Je höher der CLV, desto größer das Potenzial digital zu dominieren.

DIE GRUNDREGELN DER DIGITALEN DOMINANZ

Als Unternehmen bist du ganz selten ohne Konkurrenz unterwegs und selbst die Unternehmen, die eine kleine Nische für sich behaupten, müssen sich mit Konkurrenz im weiteren Sinne beschäftigen. Ich betrachte die Konkurrenz immer aus dem Blickwinkel des Kunden: Wo wird er sein Geld investieren, wenn nicht bei mir? Bleiben wir bei dem Fernseher-Beispiel aus dem vorherigen Kapitel. Als Shop konkurrierst du in diesem Fall mit anderen Anbietern von Fernsehern. Da du verschiedenste Modelle und Marken anbietest, ist es dir egal, welches Modell deine Kunden kaufen, wichtig ist, dass sie nirgendwo anders kaufen. Aber nehmen wir mal an, du wärst der einzige Anbieter für Fernseher. Hast du dann keine Konkurrenz? Nein. Du hast andere Konkurrenten, du musst deine Kunden davon überzeugen, dass sie ihr Geld besser in einen Fernseher, als beispielsweise in einen Urlaub, ein Smartphone oder Fahrrad investieren. Im Extremfall, wenn keine andere rivalisierende Transaktion ansteht, konkurrierst du damit, dass der Kunde sein Geld auf die Bank bringt, wo es ohnehin keine Zinsen mehr bringt, statt es in einen neuen Fernseher zu investieren.

Ein Bild aus dem Lieblingsfernsehprogramm der Deutschen erklärt, was gemeint ist:

Wenn du mit deiner Fußballmannschaft die Champions League gewinnen willst, brauchst du eine Mannschaft, die auf allen Positionen weltklasse besetzt ist. Ein Torwart, der nicht den allerhöchsten Ansprüchen genügt, kann ausreichen, um zu scheitern. Wenn du hingegen die Oberliga Westfalen dominieren willst, können schon ein bis zwei herausragende Spieler den entscheidenden Unterschied machen.

Genauso verhält es sich in der digitalen Sphäre. Um dich auf einem Markt zu behaupten, musst du dominieren. Für einen erfolgreichen Start kann es aber ausreichen, in einem der Bereiche herausragend aufgestellt zu sein. Als ich 2013 Rum Tasting-Gutscheine online verkaufen wollte, hat es beispielsweise ausgereicht, dass ich relativ beschränkte Kenntnisse im Bereich Suchmaschinenoptimierung hatte. Denn ich sah, dass alle anderen Anbieter überhaupt gar keine Ahnung hatten. Entscheidend war aber, dass ich insgesamt ein bisschen mehr Ahnung hatte als die Mitbewerber. Innerhalb kürzester Zeit konnte ich so auf Platz 1 bei Google klettern. Das allein führte dazu, dass ich diesen Kanal dominieren konnte. In kürzester Zeit landete rund 30 % des gesamten Traffics der relevanten Suchbegriffe auf meiner Seite.

Du siehst also, nur indem ich diesen einen Kanal dominiert habe, war ich meiner Konkurrenz einen entscheidenden Schritt voraus. Das hat dazu geführt, dass ich meine Dominanz in Form von weiteren hellen Scheinwerfern und einer höheren Conversion Rate auf der Webseite ausbauen konnte.

Die gute Nachricht ist, dass auf ganz vielen Märkten - insbesondere im digitalen Bereich - viele Spieler allenfalls mittelmäßig aufgestellt sind. Wirklich exzellentes Marketing, und damit meine ich solches, dass sich aktuell in der Praxis bewährt hat und tatsächlich Ergebnisse produziert, setzen die allerwenigsten ein.

Das bedeutet, du hast die Möglichkeit, dir in vielen Märkten mit einer herausragenden Disziplin einen Vorteil zu erarbeiten. Überlege dir also zunächst, welche Disziplin du dominieren willst. Ausgehend von diesem einen initialen Dominanzpunkt kannst du dich Stück für Stück verbessern und deine

Dominanz auf weitere Bereiche ausbauen. Das Beste daran ist, dass gerade im Bereich der digitalen Kommunikationswege ständig neue Möglichkeiten dafür entstehen.

Entscheidend ist, dass du dir der Wirkungsweise bewusst bist und dich konsequent auf deinen ersten oder deinen nächsten digitalen Dominanzpunkt fokussierst. Es wird nicht funktionieren, wenn du dir am Ende dieses Buches direkt fünf Bereiche heraus suchst, die du alle gleichzeitig dominieren willst. Fokussiere dich zunächst auf einen Bereich. Dominiere und baue deine Dominanz dann schrittweise weiter aus. Wenn du nicht dominierst, wirst du dominiert. Wenn jemand anderes eine höhere Sichtbarkeit in einem Kanal hat als du, wächst er in diesem Bereich schneller und die anderen Spieler haben das Nachsehen.

Wie in den allermeisten unternehmerischen Disziplinen gibt es auch im digitalen Bereich Regeln und Verhaltensweisen, die die Erfolgreichen vereinen. Im Folgenden möchte ich dir die sieben wichtigsten Grundregeln digitaler Dominanz vorstellen. Dabei bringe ich dir nicht nur die prinzipiellen Basics näher, sondern zeige dir zudem verschiedene konkrete Praxisbeispiele, aufbauend auf den Erfahrungen meiner eigenen Unternehmen.

Vorweg sei allerdings auf die Trennung zwischen den nachfolgenden Regeln und den Strategien verwiesen. Die Grundregeln sind unumstößlich. An diese Regeln halten sich erfolgreiche Online Unternehmer. Die Strategien, mit denen du diese Regeln für dein Unternehmen umsetzt, sind hingegen vielfältig. In jedem Kapitel empfehlen wir dir jeweils mindestens eine Strategie, die bei uns funktioniert hat.

MACH DICH SICHTBAR

———

„Aufmerksamkeit ist die wertvollste Währung in der digitalen Welt."

Diese Regel solltest du nur dann ignorieren, wenn du explizit keine neuen Kunden gewinnen willst. Wenn du aber wachsen möchtest, ist Neukundengewinnung eine der entscheidendsten Aufgaben. Deshalb solltest du diesem Kapitel ganz besondere Aufmerksamkeit schenken.

Das Dauerfeuer der digitalen Welt verändert unsere Aufnahmefähigkeit. Wer heute mit seinem Produkt hervorstechen will und die kurze Aufmerksamkeitsspanne der reizüberfluteten Konsumenten gewinnen möchte, muss eine gewisse Abwechslung zur Konkurrenz bieten.

Gemäß übereinstimmender Studien erreichen den Menschen mittlerweile tagtäglich 13.000 Werbebotschaften in Form von Bildern, Videos und Nachrichten und lediglich zwei Prozent davon werden tatsächlich bewusst wahrgenommen. Der Fokus richtet sich dabei immer mehr auf die mobile Onlinewerbung und die allermeisten dieser Nachrichten erreichen die Empfänger mittlerweile auf dem Smartphone.

Auf der einen Seite wird immer mehr Wert darauf gelegt, möglichst keine Information zu verpassen. Schließlich möchte jedes Unternehmen die Aufmerksamkeit auf sich ziehen.

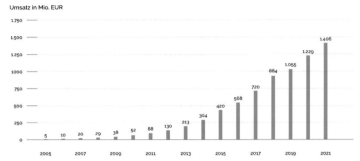

Umsätze mobiler Onlinewerbung in Deutschland in den Jahren 2005-2021 (Quelle Q4 PwC 2018)

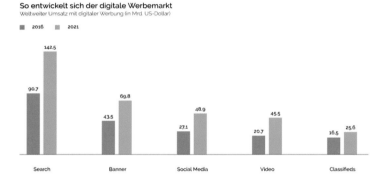

(https://www.hk24.de/produktmarken/digitalportal/online-marketing-vertrieb/online-marketing/einfuehrung-online-marketing/3978734)

Auf der anderen Seite müssen sämtliche Impressionen vom Körper gefiltert und ausgeschlossen werden, um von der Informationsüberflutung nicht verrückt zu werden.

Damit deine Botschaft durch den Filter hindurch gelangt, hilft nur eins: Relevanz. Deine Botschaft, dein Angebot, dein Content muss messerscharf targetiert auf die passende Zielgruppe treffen und bestmöglich aufbereitet werden, um wahrgenommen zu werden. So vermeidest du Zeit- und Streuverluste. Du kannst dich auf bestimmte Berufe, Branchen, Bereiche, Gruppen, Qualifikationen u.v.m. konzentrieren. Die Möglichkeiten sind nahezu grenzenlos. Der Uhrenhersteller Smart-watch beispielsweise richtet sich an 20 – 35 jährige Männer und Frauen mit mittlerem bis gehobenem Lebensstil, die sich selbst als modern und weltoffen sehen und sehr technikaffin sind. Die Zielgruppe weist ein aktives Freizeitverhalten auf, nutzt kulturelle Angebote und ist am aktuellen Tagesgeschehen interessiert. Mithilfe dieser Eingrenzung kann er seine Produkte optimal auf die Zielgruppe abstimmen.

Biete deiner Zielgruppe also nicht den gesamten Buchladen an, sondern bestenfalls die Bibel, die die Antworten auf ihr Problem liefert.

DIE KLASSISCHEN KANÄLE DES ONLINE MARKETINGS

Jede Art von Aufmerksamkeit im Netz ist mit irgendeiner Art von Aufwand verbunden. Wichtig ist, dabei immer den Aufwand im Verhältnis zum Ertrag zu betrachten. Dieser Auf-

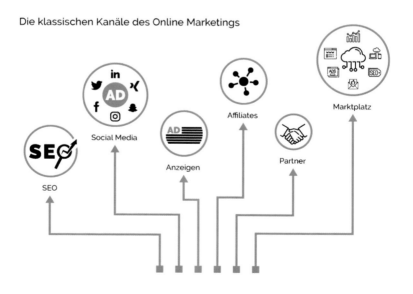

Die klassischen Kanäle des Online Marketings

wand bemisst sich in fixen und variablen Kosten. Fixe Kosten sind beispielsweise die Erstellungskosten für ein Video. Die variablen Kosten sind diejenigen, die du z.B. pro Klick für eine Werbeanzeige bezahlst.

Wenn das Video bei Youtube organisch in der Suche gefunden wird und Besucher den Weg zu deinem Projekt finden, sind die variablen Traffickosten gleich null. Es fallen keine variablen Kosten an, die pro Klick gezahlt werden müssen.

Im Folgenden möchte ich dir einen kurzen Überblick über die relevantesten Kanäle in der Digitalen Welt geben:

Suchmaschinenoptimierung (SEO)

Oben beschriebenen Effekt hat man ähnlich auch bei der Suchmaschinenoptimierung, kurz SEO. Das Schöne und für jeden Unternehmer sehr Attraktive an dieser Art von Aufmerksamkeit ist, dass man theoretisch eine unendliche Menge an Traffic für einen fixen Betrag bekommt. In der Praxis passiert aber, was auf allen Märkten mit extrem hohen Erträgen passiert: Die Konkurrenz wird größer, die Fixkosten nehmen zu und der Traffic wird auch in diesen organischen Kanälen teurer. Hinzu kommt das Eigeninteresse der Plattformen, Profite zu erzielen. Bspw. ist Google bestrebt, die eigenen Einnahmen zu erhöhen und rückt deshalb die bezahlten, mit "sponsored" bzw. "Anzeige" gekennzeichneten Ergebnisse immer mehr in den Fokus.

Suchmaschinenwerbung ist deshalb besonders spannend, weil Nutzer von Suchmaschinen immer auf der Suche sind und dabei oft eine Lösung für ein Problem suchen. Dem Kunden muss das Problem nicht erst erklärt werden, sondern man kann direkt mit der bestmöglichen Darstellung der Problemlösung einsteigen.

Wenn deine Lösung als erstes erscheint, ist das eine sehr gute Position, um Aufmerksamkeit für dein Angebot zu erzeugen.

Um organisch ganz oben gelistet zu werden, musst du Google überzeugen, dass du den relevantesten Inhalt zu dem entsprechenden Suchbegriff bereitstellst. Wenn du in den bezahlten Ergebnissen oben stehen willst, entscheiden Relevanz der Anzeige in Kombination mit deiner Zahlungsbereitschaft bzw. deinem Gebot darüber, an welcher Position du angezeigt wirst.

Werbeanzeigen

Werbeanzeigen werden vom Werbetreibenden pro Klick (PPC - Pay per Click) oder pro 1000 Einblendungen (CPM - Costs per Mille) bezahlt. Zur Erstellung und Optimierung der Kampagne kommen also variable Kosten pro Klick. Entweder für Anzeigen in Suchmaschinen, in sozialen Netzwerken oder auf anderen reichweitenstarken Plattformen.

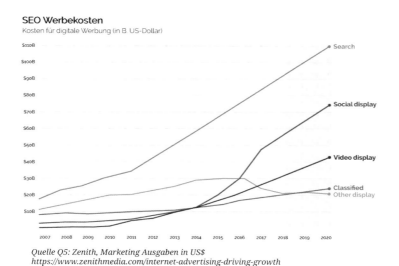

Quelle Q5: Zenith, Marketing Ausgaben in US$
https://www.zenithmedia.com/internet-advertising-driving-growth

Global gesehen sind in der Praxis Ausgaben für Search Ads die bedeutendste Kategorie, gefolgt von Video und Display, die, gebeutelt von Werbeblockern, immer mehr an Bedeutung verlieren.

Facebook hat schon vor einiger Zeit damit begonnen, die Reichweite von normalen Beiträgen im Feed extrem zu reduzieren, um mehr bezahlte Werbung zu schalten und vor allem die Alternative zur bezahlten Werbung weniger attraktiv zu machen.

Das liegt auch daran, dass Facebook Werbeanzeigen extrem gut funktionieren und Facebook aufgrund der hohen Nachfrage möglichst viel Werbung ausspielt.

Im Gegensatz zu SEA, wo das Targeting der Werbeanzeigen insbesondere auf Basis der eingegebenen Suchbegriffe der Nutzer passiert, nutzt Facebook die Nutzerdaten, um möglichst relevante Werbeanzeigen auszuspielen. Dementsprechend kann man bei Facebook sehr genau auf Basis von demografischen Daten wie Alter, Geschlecht und Wohnort aber auch auf Basis von Interessen wie Urlaubsländern, Marken und Stars einstellen, wen man mit seinen Anzeigen erreichen will. Besonders spannend ist die Funktion Lookalike Audiences, mit der Facebook auf Basis der Nutzerdaten statistische Zwillinge einer bestehenden Zielgruppe ermittelt. Die ermittelte und von Facebook als "Lookalike Audience" bezeichnete Zielgruppe ist dieser Personengruppe möglichst ähnlich. Wenn Facebook als Ausgangsbasis die Kunden deines Produkts nimmt, ermittelt Facebook daraus eine Lookalike Audience, die sich mit einer besonders hohen Wahrscheinlichkeit ebenfalls für dieses Angebot interessiert.

Eine weitere Form von digitalen Werbeanzeigen ist das sogenannte Native Advertising ("vertraute Werbung"), die wie journalistische Inhalte aufbereitet ist. Im Optimalfall fällt so dem Betrachter nicht auf, dass es sich bei dem Inhalt eigentlich um Werbung handelt. Veröffentlicht also beispielsweise eine auflagenstarke Nachrichtenseite jede Woche eine Reihe von Artikeln über unterschiedliche Reiseziele und die Artikel sind als "sponsored Content" gekennzeichnet, so kann der Sponsor dahinter in diesen Beiträgen seine Angebote in den Fokus stellen.

Social Media

Analog zu den kostenlosen Besuchern von Suchmaschinen gab und gibt es diese auch in Social Media: Virale Reichweite wird in den meisten Fällen nicht durch kommerzielle Beiträge erreicht, sondern von solchen mit besonderer Leistungen und/oder Originalität. Es wird so immer schwieriger, diesen Effekt für sich zu nutzen, insbesondere in Facebook.

https://www.instagram.com/p/BO9dI9ujWNI/

Das Paradebeispiel des viralen Marketings ist ein Video des Steak-House Inhabers Nusret Gökçe, genannt „Salt Bae" (frei übersetzt: Herr des Salzes): Ein Mann mit weißem T-Shirt, modischer Sonnenbrille und einem Man Bun zerlegt fachmännisch ein Steak. Doch warum erregt die simple Zubereitung eines Stücks Fleisch derart viel Aufmerksamkeit? Weil es viel mehr ist als das. Der gelernte Metzger liebkost das Fleisch, als wäre es seine große Liebe. Er schneidet es nicht einfach nur, sondern streichelt es in Streifen. Während jeder "normale" Mensch grob Salz darüber streut, lässt er die weißen Kristalle sanft, aber voller Hingabe, über seinen Ellbogen in die saftigen Fasern des Premium-Meats regnen.

Egal mit welcher Essensgewohnheit - knapp siebzehn Millionen Mal wurde das Video bereits angeklickt, seit Gökçe es am Januar 2017 im Netz veröffentlichte. Mittlerweile betreibt er 6 Restaurants in den schicksten Vierteln von u.a. London, Dubai und New York, wo sich Stars und Sternchen tummeln.

Affiliates und Partner

Auch klassische Empfehlungen sind in der digitalen Welt extrem wirkungsvoll. Insbesondere weil sie digital viel schneller und effizienter verbreitet werden können. Wer kann dich empfehlen? Zum einen natürlich zufriedene Kunden, zum anderen aber auch kleine Partner, sogenannte Affiliates, die deine Produkte in ihren Netzwerken streuen und für den Vertrieb eine Provision erhalten. Den größten Erfolg erzielt man über strategische Partner, die deine Produkte an die gleiche Zielgruppe vermarkten, während sie bspw. einen Teil des Umsatzes erhalten. Ein klassisches Beispiel ist der Affiliate Partner Amazon. Du kannst beispielsweise Bücher auf deiner Website bewerben, aber über Amazon verkaufen. Klickt ein Besucher also auf den Link auf deiner Website, landet er bei Amazon. Kauft er das Buch, so bekommst du als Affiliate eine kleine Provision, da du die Website betreibst und darauf die Werbefläche für Produkte zur Verfügung stellst. Neben Amazon gibt es viele weitere Netzwerke, auf denen sich Werbetreibende, Kunden und Vermittler treffen und Affiliate Marketing hat sich zu einem festen Bestandteil des Online-Marketings entwickelt. Wir nutzen beispielsweise Digistore24 als Zahlungsdienstanbieter mit eingebautem Affiliate Netzwerk.

Marktplatz

Neben SEO und viralem Marketing stellen auch Marktplätze einen großen Kanal mächtiger Vermarktungspartner dar, die sich ihre herausragenden Stellungen jedoch oft auch großzü-

"Aufmerksamkeit ist die wertvollste Währung in der digitalen Welt.

Christoph J. F. Schreiber

gig entlohnen lassen. Neben Amazon und Ebay zählen hierzu beispielsweise auch Booking.com oder Airbnb.

Den extrem wirkungsvollen Kanal E-Mail Marketing lassen wir an dieser Stelle bewusst aus. Spätestens bei der vierten Grundregel, "Rede mit deinen Kunden", wirst du verstehen, warum.

DOMINIERE DIE AUFMERKSAMKEIT

Du dominierst, wenn du in einem relevanten Kanal mehr Aufmerksamkeit erzeugst als deine Mitbewerber. Andernfalls dominierst nicht du, sondern wirst von deiner Konkurrenz dominiert, die letztlich auch schneller wächst als du, zumindest was den Neukundenstrom aus diesem Bereich angeht. Fokussiere dich daher auf einen Kanal, der aus deiner Sicht das größte Potenzial hat und idealerweise auch die größten Schwachstellen bei der Konkurrenz bietet. Also suche gezielt nach Kanälen, die deine Mitbewerber alles andere als ideal nutzen.

Mache es besser als alle anderen. Lerne von anderen Spielern aus anderen Märkten und nutze diese Strategien für deinen Markt, um an die Spitze zu gelangen. Das bedeutet, mehr und kostengünstiger als die Konkurrenz neue Kunden zu finden.

Erst, wenn du einen Kanal dominierst und das Potenzial gehoben hast, solltest du dich auf den nächsten Kanal fokussieren und deine Dominanz weiter ausbauen.

Wichtig bei der Bewertung der Kanäle ist, dass du dich nicht allein auf die Kosten fokussierst, sondern immer auf die Kosten im Verhältnis zum Ertrag.

Um dieses Verhältnis im Blick zu haben bietet es sich an, die direkten Kosten einer Kampagne den direkten Einnahmen gegenüberzustellen. Die Kennzahl EPA (Earnings per Action) gibt die direkten Einnahmen durch eine bestimmte Aktion

Grenzkostenkurve

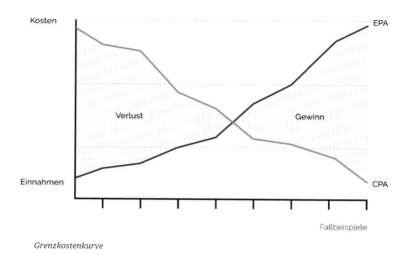

Grenzkostenkurve

an. Eine Aktion ist in diesem Fall beispielsweise ein Klick auf eine Werbeanzeige. Aus der Vergangenheit weißt du, dass du bei diesem spezifischen Angebot mit 1000 Klicks 4.372 € Umsatz erzielt hast. Das bedeutet pro Klick sind das 4,37 €.

Die CPA (Cost per Action) liegen in diesem Beispiel bei 2,77 €. Die CPA geben die variablen Kosten pro Aktion an. Hier haben wir es mit einer Werbeanzeige zu tun, bei der Kosten pro Klick anfallen. Das sind in diesem Fall 2,77 €. Es verbleibt ein Überschuss in Höhe von 1,60 €.

Wenn du direkt mit dem ersten Verkauf einen Überschuss erzielst, solltest du versuchen dein Budget so weit wie möglich zu erhöhen. Wenn du im ersten Schritt einen Verlust produzierst, kann sich dies aber trotzdem durch weitere Verkäufe im direkten Funnel oder deiner Kundenwelt auszahlen.

Wenn du keine direkten Kosten pro Aktion hast, beispielsweise weil du SEO oder Social Media einsetzt, versuche die Kosten näherungsweise zu bestimmen, indem du die Kosten für die Contenterstellung und Optimierung in Relation zu den erzielten Klicks setzt.

Nun stellt sich dir sicher die Frage, welcher Kanal für dich die beste Kapitalrendite oder den besten Wechselkurs liefert. Wo erhältst du am schnellsten und wirkungsvollsten Aufmerksamkeit mit geringstem Aufwand?

Wenn du bereits einen oder mehrere Kanäle in deinem Markt dominierst, solltest du dir überlegen, die Dominanz und damit das Ergebnis eines oder mehrerer Kanäle noch weiter auszubauen.

Falls du noch am Anfang stehst, möchte ich dir an dieser Stelle nicht vorenthalten, welche Kanäle für uns am wichtigsten sind und dir zwei Strategien vorstellen, wie wir diesen Kanal dominieren.

Unsere wichtigsten Kanäle:

» SEO

» PPC

» Partner

Am Anfang war für uns insbesondere die Zusammenarbeit mit Partnern erfolgsentscheidend. Kooperationen stellen den Königsweg dar, um schnell an eine große Menge an Kunden zu gelangen. Deswegen ist dies auch unser präferierter und im 24-Stunden-Buch empfohlener Weg, um gerade am Anfang schnell messbare Erfolge zu erzielen.

https://www.gruender.de/buch24/

Laut der PwC Studie "Start-up-Unternehmen in Deutschland, 2018" (PricewaterhouseCoopers GmbH, Wirtschaftsprüfungsgesellschaft) gehen 45 % der Start Ups in Deutschland Kooperationen mit etablierten Unternehmen ein, weil ihnen

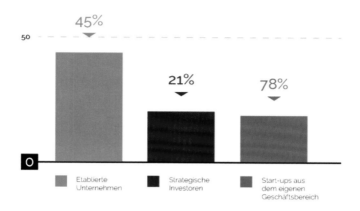

PWC Studie 2017
Wichtige Kooperationspartner von Start-ups

https://www.pwc.de/de/branchen-und-markte/startups/start-up-studie-2018.html

diese neben neuen Kundengruppen auch neue Vertriebskanäle sowie neue Märkte eröffnen können.

Allerdings ist diese Art, Aufmerksamkeit zu generieren, nur bedingt skalierbar. Du wirst hier irgendwann an Wachstumsgrenzen stoßen, wobei dies natürlich extrem vom Potenzial und dem Kooperationswillen von Partnern mit ähnlichen Zielgruppen abhängt. Skalierbarer und reichweitenstärker sind oft bezahlte Werbeanzeigen, insbesondere bei Facebook oder Google Adwords.

Im Folgenden möchte ich dir anhand einer unserer Kampagnen zeigen, wie wir es geschafft haben, mit einem neuen Produkt und einer cleveren Facebook Werbekampagne diesen Kanal zu dominieren.

FACEBOOK ADS AM BEISPIEL COLOGNE SPIRITS

Wenn es um die Erzeugung von Aufmerksamkeit geht, so spielen Facebook-Anzeigen in den Social-Media-Marketing-Tools von Unternehmen eine enorm wichtige Rolle.

Kaum ein anderer Kommunikationskanal erzielt eine ähnlich hohe Reichweite und annähernd so treffsichere Targetingmaßnahmen wie Facebook.

Falls du noch nie mit diesem Kanal gearbeitet hast, erkläre ich dir im Folgenden kurz die wichtigsten Funktionen auf der Basis unseres Produkts und unserer Kampagne.

Prinzipiell gibt einem Facebook bei einer Anzeigenschaltung drei Punkte vor:

» Wähle für deine Kampagne das richtige Werbeziel (Bekanntheit, Erwägung, Conversion).

» » Lege deine Anzeigengruppe fest (Zielgruppe, Budget, Zeitplan, Platzierung).

» » Gestalte deine Anzeige (Inhalt, Format, Optik).

Sieht auf den ersten Blick recht einfach aus. Ist es auch. Doch bei diesen einzelnen Schritten gibt es viele verschiedene Faktoren, die entsprechend zu unterschiedlichen Ergebnisse führen.

Deswegen schauen wir uns die einzelnen Punkte jetzt im Detail an.

Es kommt darauf an, wo du deinen Fokus bei der Kampagnenerstellung setzt. Oftmals wird der Schwerpunkt auf maximale Streuung gelegt. Der zugrunde liegende Gedanke ist, dass die größtmögliche Reichweite den Umsatz schnellstmöglich steigert.

Wenn du schon viele Webseitenbesucher hast und das Produkt oder der Service bereits eine Weile existiert, macht es natürlich keinen Sinn, auf Streuung zu setzen, da du deine Zielgruppe ja schon etwas kennen gelernt hast, die du demnach direkt ansprechen kannst.

Möchtest du hingegen ein völlig neues Produkt bewerben, dann ist es sinnvoll, all diejenigen Personen zu targetieren, die zumindest grob ins Raster fallen und damit den Facebook Algorithmus arbeiten zu lassen.

Die Erstellung und Optimierung einer geeigneten Marketingstrategie ist in beiden Fällen enorm wichtig, da andernfalls die eigentlichen Interessen der Zielgruppe vernachlässigt werden. Für die "falschen" Personen können solche Anzeigen lästig und aufdringlich sein, was zum gegenteiligen Ergebnis führt. Die maximale Reichweite führt nicht zu maximalem Umsatz, sondern dazu, dass die Kampagne nicht funktioniert.

Facebook bewertet die geschalteten Anzeigen nämlich nach Interaktionen: Je mehr negative Interaktionen stattfinden, umso weniger wird die Anzeige ausgespielt.

Damit dir das nicht passiert und du stattdessen für dein Produkt tatsächlich maximalen Mehrwert durch Werbeanzeigen generierst, stelle ich dir im Folgenden unsere Strategie aus einem 3-Schritte-Funnel vor. Mit ihr konnten wir ein neues Eventformat, die "Cologne Spirits", auf Anhieb zu einem großen Erfolg machen.

Die Cologne Spirits ist eine Rum- und Genussmesse, die wir inzwischen jährlich in Köln veranstalten und bei der sich alles rund um Rum und andere Genusswaren dreht.

Bei unserer ersten Veranstaltung war die Situation die folgende: Wir wussten weder wer unsere Zielgruppe ist, noch was diese Zielgruppe für Interessen hat. Wir hatten zu dem damaligen Zeitpunkt also keinerlei eigene Kontakte - im Sinne von Leads oder Zielgruppen in Facebook - im Bereich "Rum und Gin" und konnten so auch die Facebook Algorithmen nicht effizient dafür nutzen. Hätten wir den Ticketverkauf dennoch sofort und direkt über Facebook laufen lassen, wäre dieser mit einer völlig kalten Zielgruppe weniger effektiv oder anders ausgedrückt sehr teuer geworden. Unsere Lösung: Die Nutzer durch einen Funnel mit 3 unterschiedlichen Zielen langsam "aufwärmen".

WÄHLE FÜR DEINE KAMPAGNE DAS RICHTIGE WERBEZIEL

Facebook bietet dir im Werbeanzeigenmanager verschiedene Ziele an, welche du mit deiner Kampagne verfolgen kannst. Je nach Ebene lassen sich hier Einstellungen bestimmen, die wiederum die Auswahlmöglichkeiten der nächsten Ebene beeinflussen.

Bekanntheit	Erwägung	Conversion
Markenbekanntheit	Traffic	Conversions
Reichweite	Interaktionen	Katalogverkäufe
	App-Installationen	Besuche im Geschäft
	Videoaufrufe	
	Leadgenerierung	
	Nachrichten	

Screenshot aus Facebook Werbeanzeigenmanger

Von links nach rechts ergeben diese Sektionen einen dreistufigen Sales Funnel. Was bringt dir dieser Funnel? Wie bereits erwähnt, kannst du damit günstig eine dir noch unbekannte Zielgruppe vorqualifizieren und auf deine Website, Verkaufsseite oder Landingpage schicken. Dabei verfolgt jede Kampagne ein anderes Ziel.

Schritt 1: Ziel Bekanntheit

Die Bekanntheit umfasst die Ziele, die das Interesse an deinem Produkt bzw. deiner Dienstleistung wecken. Hier entsteht der erste Kontakt zwischen dir und deiner Zielgruppe. In der Regel sind es Personen, die dich und dein Produkt noch gar nicht kennen. Umso wichtiger also, dass sie deinen Namen kennenlernen und diesen bestenfalls in Erinnerung behalten.

Du kannst hier zwischen Markenbekanntheit und Reichweite wählen.

» Markenbekanntheit: Für dich geeignet, wenn du besonders viele Personen erreichen willst, um deiner Anzeige mehr Aufmerksamkeit zu schenken.

» Reichweite: damit kannst du deine Anzeige so oft wie möglich an deine Zielgruppe ausliefern lassen. Das bedeutet, auch Personen, die deinen Post durch den Algorithmus eigentlich nicht sehen würden, wird er angezeigt. Das ist beispielsweise für Ankündigungen oder Gewinnspiele interessant.

In Facebook selber werden diese Kampagnenziele jedoch nur von großen weltweiten Unternehmen und Brands (z.B. Coca Cola, Nike, Starbucks, Apple etc.) ausgewählt, für kleinere Unternehmen und Marken lassen sich hier wenig Gewinne einfahren. Für kleinere Unternehmen macht es am ehesten Sinn, auf das Kampagnenziel "Videoaufrufe" zu gehen.

Für die Messe Cologne Spirits mussten wir anders vorgehen. Bezogen auf unser Beispiel der Cologne Spirits Kampagne war es so, dass wir uns als Unternehmen zwar bereits eine Zielgruppe aufgebaut hatten, die uns mit verschiedenen Kongressen (Contra, Erfolgskongress, Finanzkongress ...) in Verbindung brachte. Unwahrscheinlich ist es aber, dass eben diese Zielgruppe sich auch genauso für eine Rummesse interessiert. Daher war die Aufgabe, nicht nur ein ganz neues Konzept, eine neue Marke bekannt zu machen, sondern vor allem auch eine für uns völlig neue, kalte Zielgruppe erst einmal zu finden und ihre Aufmerksamkeit zu wecken. Strategisch gesehen ist die günstigste Methode eine Zielgruppe zu erschließen und eine Marke über Facebook bekannt zu machen, einen Video-Funnel aufzubauen.

Wie sieht dieser Funnel aus und wie funktioniert er in der Praxis?

1. Videoaufrufe – Kurzes, interessantes Video zum Thema

2. Veranstaltungszusage – Retargeting auf alle Menschen, die einen gewissen Prozentsatz des Videos gesehen haben

Facebook präferiert momentan klar Videos auf seiner Plattform. Der Grund dafür ist ganz einfach. Facebook möchte die User solange wie möglich in der App behalten. Ein Bild bindet den Nutzer nur sehr kurze Zeit an Facebook, eventuell verlässt er danach die Plattform und besucht eine Webseite. Ein Video hingehen bündelt die Aufmerksamkeit des Nutzers wesentlich länger und sorgt eher für den klassischen Unterhaltungseffekt, welchen Facebook sich für seine Plattform wünscht. Dementsprechend belohnt Facebook das Schalten von Werbeanzeigen mit dem Ziel "Videoaufrufe" mit besonders geringen Kosten. Hier ist es als Marketer also kein Problem, mit Streuverlusten der Werbeanzeige zu leben.

Wie sieht der erste Schritt des Funnels in der Praxis aus?

Hierzu entwarfen wir ein kurzes Video von 15 Sekunden Länge, wobei sich nach dem Motto der Genussmesse "hier dreht sich alles um Rum" eine Rumflasche um eine andere Rumflasche drehte, kontrastiert mit einer knalligen Hintergrundfarbe.

So simpel und doch so wirkungsvoll. Animierte Videos erregen besondere Aufmerksamkeit, da sie beim Durchscrollen des Feeds direkt ins Auge springen. Ganz besonders die ersten drei Sekunden sind entscheidend, ob der User hängen bleibt, um sich das Video weiter anzuschauen, eventuell sogar auf den Link zu klicken, oder ob er es ignoriert. Was du noch bei der Erstellung eines Videos beachten solltest, erkläre ich dir später.

Dieses Video erreichte bei 10.000 Aufrufen eine Klickrate von 5 % mit niedrigen Kosten pro Aufruf. Wenn dir die Begriffe neu sind, hier eine kurze Erklärung:

Die Click-through-rate (CTR), auf deutsch Klickrate ist eine Kennzahl, die die Anzahl der Klicks deiner Anzeige misst und sie in Relation zu der Anzahl der Impressionen setzt.

Die Klickrate ist somit die Prozentzahl der Personen, die die Anzeige sehen (Impressionen) und anschließend die Anzeige anklicken (Clicks). Eine gute Klickrate liegt bei 4 bis 5 % und führt zu verbesserten Qualitätsfaktoren sowie niedrigeren Kosten.

Eine Klickrate mit 5 % zu unserem Video ist ein enorm guter Wert für den Erstkontakt mit einer komplett neuen Zielgruppe. Die Kosten pro tausend Aufrufe (CPM = Click per Mille) des Videos lagen bei 5,64 €, was ungefähr der Hälfte unseres normalen Durchschnitts entspricht und daher sehr rentabel war. Die wichtigste Metrik an diesem Schritt sind jedoch die CPV oder Kosten pro Videoaufruf. Die Videoaufrufe kamen insgesamt auf eine Zahl von 10.409 für 0,02 € pro Aufruf. Unser erstes Ziel war somit in jeder Hinsicht erreicht

Schritt 2: Ziel Erwägung

Im zweiten Schritt geht es darum, deinen Kunden das Produkt näher zu bringen. Die Zielgruppe hat ein grobes Interesse für die Nische bzw. das Thema, aber sie hat sich noch nicht dazu entschieden zu kaufen. Jetzt gilt es, in Erwägung gezogen zu werden.

Unterteilt ist dieses Ziel in folgende Unterziele:

» Traffic: Leite deine Zielgruppe von der Anzeige zu einem anderen Ziel z.B. zu deiner Webseite oder App.

» Interaktionen: Erhalte mehr Feedback und Reaktionen von Personen zu deinem Post in Form von Kommentaren, Likes, Veranstaltungszusagen etc.

» App-Installation: Mehr Personen sollen deine App installieren.

» Videoaufrufe: Dein Video soll möglichst viele Views generieren.

» Leadgenerierung: Erhalte mehr Leads wie Anfragen für dein Angebot oder E-Mailadressen für deinen Newsletter, bestenfalls über ein eigenständiges Formular innerhalb der Anzeige.

» Nachrichten: Erhalte mehr Direktnachrichten.

Während das Ziel der Bekanntheit im Vergleich noch sehr passiv war, möchte dieses Ziel eine Reaktion deiner Zielgruppe hervorrufen.

Das Ziel, für das wir uns bezüglich der Cologne Spirits Kampagne entschieden, war eine bestimmte Interaktion bei den Personen hervorzurufen. Da wir ja eine Veranstaltung beworben haben, wollten wir sie in diesem Schritt also nicht in erster Linie dazu animieren, von unserer Facebook Anzeige auf unsere Website zu klicken, sondern wir wollten von ihnen eine Veranstaltungszusage für eine in Facebook erstellte Veranstaltung. Ziel war es, dass die Veranstaltung mit "Interessiert" markiert wird. Die Markierung Interessiert bedeutet in der Facebook Welt so etwas wie eine unverbindliche Zusage.

Bei diesem Bild haben wir den Inhalt des Videos im Groben noch einmal aufgegriffen und all diejenigen als Zielgruppe definiert, die sich mindestens 75 % des Videos angesehen hatten. Denn wenn sich Leute 6-8 Sekunden Zeit genommen haben, dein Video anzusehen, ist die Wahrscheinlichkeit hoch, dass sie nicht nur echtes Interesse haben, sondern auch, dass sie dich und dein Produkt in Erinnerung behalten und den Zusammenhang erkennen. So haben wir also für die Cologne Spirits eine Zielgruppe erschlossen und gleichzeitig die Marke bekannter gemacht.

Dieses Bild kostete uns 0,13 € pro Klick bei einer Klickrate von 4,9 %. Seitenaufrufe ergaben 0,26 € bei einer 2,24 % Klickrate. Die Kosten pro tausend Impressionen betrugen 4,50 bis 6 €, also wieder weit unter dem Durchschnitt.

Wir erhielten letztlich 1.154 Veranstaltungszusagen für 0,78 € pro Stück.

Schritt 3: Ziel Conversion

Diese Stufe stellt das letztendliche Ziel dar, was im besten Fall erreicht werden soll, und zwar das Auslösen einer konkreten Handlung, wie z.B. der Kauf eines Produkts.

» Conversions: Die richtigen Personen sollen auf deiner Website eine konkrete Handlung vollziehen.

» Produktkatalogverkäufe: Anzeigen, die automatisch dein Gesamtsortiment für die richtige Zielgruppe schalten.

» Besuche im Geschäft: Bringe Menschen, die im näheren Umkreis leben, in dein lokales Geschäft.

Im Fall der Cologne Spirits Kampagne gingen wir wie folgt vor: Diejenigen, die sich für die Veranstaltung angemeldet hatten, erhielten daraufhin einen Rabatt auf den Kauf eines Tickets, welchen wir mit folgendem Bild nochmals vermarkteten.

Hier sieht man einen starken Kontrast, der aus dem bisherigen optischen Kontext deutlich heraussticht. Uns ging es hierbei darum, eine Message zu setzen und eine gewisse Dringlichkeit zu erzeugen. Der User hat sich immerhin das Video angeschaut, er hat die zweite Anzeige mit dem Bild gesehen und war immer noch interessiert, sodass er darauf geklickt und auf die Veranstaltungsseite gelangt ist. Das sind also drei Kontakte innerhalb Facebooks. Die Leute wissen inzwischen, dass es um Rum und Gin geht und haben somit schon eine ähnliche Erwartung an zukünftige Anzeigen. Dieser Kontrast überrascht daher umso mehr und erregt die Aufmerksamkeit aufs Neue. Verknüpft man diese Anzeige nun noch mit einem Rabatt, der nur für eine bestimmte Zeit Gültigkeit besitzt, so ist der potenzielle Kunde letztlich noch eher animiert, das Ticket auch zu kaufen.

Die Relevanz für dieses Bild stieg deutlich an und erzielte starkes Engagement in Bezug auf Kommentare (546), Likes für Beiträge (1194), Likes für die Cologne Spirits Seite (364) und Markierungen und Weiterleitungen (117). Entsprechend stieg auch die Anzahl der Impressionen, was bedeutet, dass Facebook das Bild viel häufiger zeigte.

Möchtest du also ein neues Produkt mit kalter Zielgruppe verkaufen, so ist es sinnvoll, deine potenziellen Nutzer durch alle Stufen des Funnels laufen zu lassen. Denn genau diese drei Schritte, in denen wir die User auf Facebook abholen, sind

das besondere an unserer Strategie. Die allermeisten Facebook Kampagnen sind einstufig. Das heißt, ein Produkt wird beworben und der Besucher kommt durch einen einzigen Klick direkt auf die Landingpage, wo er das Produkt kaufen soll. Unser Vorgehen ist anders, nämlich behutsamer. Der Kunde soll dich erst kennenlernen und du ihn. Er soll sich für deine Produkt oder Dienstleistung begeistern. Erst im letzten Schritt schickst du ihn idealerweise mit einem Rabatt auf deine Seite. Auf diese Weise können die bestmöglichen Ergebnisse sowohl Traffic-bezogen als auch finanziell erzielt werden. Wir konnten mit dieser Strategie insgesamt 10.409 Views und 6.871 Klicks für je 0,45 € generieren.

LEGE DEINE ANZEIGENGRUPPE FEST

Wenn du mit deinen Facebook-Werbeanzeigen Erfolg haben willst, ist es neben dem Ziel an sich auch unerlässlich, deine Zielgruppe festzulegen. Kaum eine andere Plattform bietet die Möglichkeit, durch Anzeigen so viele verschiedene Alters- und Interessengruppen zielgerichtet zu erreichen wie Facebook. Zusätzlich definierst du in diesem Schritt dein Budget und deine Platzierung für deine Werbeanzeigengruppen.

Die Zielgruppe

Du kannst die Zielgruppe nach Alter, Geschlecht, Standort, Sprache, Interesse und Verhalten (z.B. Smartphone-Nutzer, Online-Shopper, Urlaubsreisende) eingrenzen. Unter "weitere demografische Angaben" kannst du darüber hinaus zwischen Beziehungsstatus, interessiert an Männern, Frauen etc., Bildungsstatus, Arbeitgeber u.a. wählen. Je feiner du die Grenzen setzt, desto kleiner wird natürlich die Zielgruppe - aber so kannst du letztendlich auch zielgerichtet und mit möglichst geringen Streuverlusten werben. Optional kannst du dir auch maßgeschneiderte Zielgruppen (custom audiences) zusammenstellen. Eine Custom Audience umfasst Personen, die in irgendeiner Weise schon mit deinem Unternehmen oder deinem Produkt in Kontakt gekommen sind. Oder aber du schließt gerade diejenigen aus, um nur neue Facebook-User zu erreichen. Allerdings muss auch erwähnt werden, dass Facebook große und breite Zielgruppen präferiert und mit billigen Preisen für Reichweite belohnt. Wenn du also mit Werbeanzeigen auf Facebook anfängst, dann targetiere lieber eine zu große als zu kleine Zielgruppe.

Um deine Facebook Anzeige den passenden Personen zu zeigen, empfehle ich dir, einen Facebook-Pixel einzurichten. Dabei handelt es sich um einen kurzen HTML-Code, mit dem du die Handlungen von Besuchern auf deiner Website tracken kannst. Du kennst das sicher auch. Stell dir vor, du surfst gerade in einem Online-Shop und schaust dir ein T-Shirt an. Dann gehst du auf Facebook und dir wird eben genau dieses T-Shirt in der rechten Spalte als Werbung angezeigt. Nur ein großer Zufall? Wohl eher nicht. Es ist der Pixel, der dich identifiziert hat und an Facebook weitergeleitet wurde.

Diese Daten kannst auch du nutzen, um Personen, die bestimmte Handlungen zu deinem Themenbereich ausgeführt oder passende Seiten geliked haben, deine Anzeige zu präsentieren. So erfährst du mehr über deine Zielgruppe, was sie gerne macht und kannst deine Anzeige entsprechend anpassen. Facebook liefert dir eine einfache Anleitung, wie du den Pixel durch Copy & Paste in den Head deiner Website einfügst. Anbieter wie zum Beispiel Wordpress und Wix lassen sich dann direkt mit Facebook verbinden. Bitte beachte hierbei die Bestimmungen der Datenschutzgrundverordnung (DSGVO).

Du musst bedenken, dass deine angesprochenen Facebook-Nutzer keine direkte Kaufabsicht verfolgen. Das heißt, ihnen werden Anzeigen präsentiert, weil sie passenden demografischen Eigenschaften entsprechen, aber sie sind nicht aktiv auf der Suche nach einem Produkt, wie das beispielsweise bei einer Suchmaschine der Fall ist. Mit der Zeit wirst du deine Zielgruppe aber zunehmend besser kennenlernen und herausfinden, welche Einstellungen am besten für diese funktioniert. Je unbekannter und lukrativer dein Produkt ist, desto präziser musst du deine Zielgruppe definieren, um sie heranzuführen.

Unsere Zielgruppe für die Cologne Spirits wurde nach folgenden Merkmalen eingegrenzt:

» Alle, die jemals mit Medien von Digital Beat auf Facebook interagiert haben (durch Likes, Kommentare, Videoaufrufe etc.).

» Alle mit Interesse für Rum-Marken.

» Alle mit Interesse für Rum generell (Rum, Rum Cola, Longdrinks, Cocktail etc.).

» Alle mit Interesse für Gin-Marken (Hendricks, Bombay etc.).

» Alle mit Interesse für Gin generell (Gin, Gin Tonic, Cocktails, Longdrinks etc.).

» Alle mit Interesse für Karibik/Kuba.

» Alle mit Interesse für Schokolade in Kombination mit Rum.

» Alle mit Interesse für Rum in Kombination mit Gin (= Zielgruppe muss Rum UND Gin Keywords gut finden).

» Alle mit Interesse für Rum in Kombination mit Karibik/Kuba (= Zielgruppe muss Rum UND Karibik/Kuba gut finden).

Das Budget

Sobald du deine Zielgruppe festgelegt hast, geht es an die Entscheidung, wie viel du für deine Anzeige ausgeben möchtest. Entscheidest du dich für ein Tagesbudget, so ist der festgelegte Preis der Höchstbetrag, den du pro Tag bereit bist auszugeben. Ein Laufzeitbudget gilt entsprechend für die gesamte

Laufzeit deiner Kampagne. Aus den Erfahrungen unserer bisherigen Kampagnen empfehle ich dir, zuerst mit 10-20 € pro Tag zu starten. Eine Faustregel besagt: sobald du 60 € ausgegeben hast, kannst du abschätzen, wie gut deine Kampagne läuft und gegebenenfalls das Budget in weiteren Schritten erhöhen.

Facebook bewertet jede Anzeige anhand von Klickraten (CTR) und Engagements (Likes, Kommentare, Shares). Wird dein Link, Video etc. häufig geklickt und geliked, so belohnt dich Facebook mit der Senkung der Kosten per Mille (CPM), wodurch auch deine finalen Klickpreise sinken.

Unsere Ausgaben bei der Cologne Spirits Kampagne lagen insgesamt bei 3100 €. Bereits nach wenigen Tagen zeigten uns die Werte, dass die Kampagne gut ankam, daher ließen wir sie weiterlaufen. Unser Ziel war es letztlich, den Klickpreis auf unter einen Euro zu bekommen.

Mein Tipp ist daher: Beobachte deine Klickraten regelmäßig und schaue nach, ob deine Anzeige viele Kommentare und Likes erhält. Ändere schlecht laufende Anzeigen oder beende sie und wechsle deine Anzeigen regelmäßig aus. Sehen die User deine gleiche Anzeige zu oft, werden sie genervt und gelangweilt. Hier ist allerdings auch zu beachten, dass beim Ändern einer Anzeige die Likes und Kommentare verloren gehen.

Die Laufzeit

Hast du dich für ein Laufzeitbudget entschieden, legst du nun die Dauer in Stunden oder Wochentagen fest, wie lange deine Werbeanzeige geschaltet werden soll. Ein solcher Zeitplan ermöglicht es, dass dein Budget möglichst effektiv eingesetzt wird. So ist die Anzeige nur dann zu sehen, wenn deine Zielpersonen auch tatsächlich auf Facebook aktiv sind. Hast du bisher noch keinerlei Erfahrungen mit den Laufzeiten gemacht, sind 3-7 Tage prinzipiell ein guter Richtwert.

Auch die Cologne Spirits Kampagne haben wir 3 Tage lange getestet, um erst einmal generelle Klicks und Videoaufrufe zu bekommen. Dabei schalteten wir die Kampagne immer am folgenden Tag ab 00:00 Uhr und ließen sie bis 23:59 Uhr abends laufen.

GESTALTE DEINE ANZEIGE KLUG

In diesem Schritt entscheidest du, wie deine Anzeige aussehen soll.

Videos

Videos spielen, wie bereits erwähnt, im Bereich Marketing-Anzeigen eine ganz besondere Rolle und sind ein sehr geeignetes Mittel, um die Aufmerksamkeit auf sich zu ziehen. Ein Video zu erstellen verlangt allerdings auch deutlich mehr Zeit als beispielsweise ein Bild. Es darf nicht zu kurz, aber auch nicht zu lang sein. Facebook gibt einen Richtwert von 5 bis maximal 15 Sekunden an. Es darf nicht langweilig sein, aber der Zuschauer sollte in diesem kurzen Zeitabschnitt auch nicht mit zu viel Informationen überfallen werden. Slideshow ist eine einfache Methode, ein Video zu erstellen. Auch Stopmotion Videos, die aus mehreren einzelnen Bilder zusammengesetzt sind und wie ein Zeichentrickfilm wirken, kommen gut an. Verfügst du bereits über grafisches Material zu deinem Produkt, beziehe auch das gerne mit ein.

Bilder

Entscheidest du dich für ein Bild, spiele mit Farben und Kontrasten, besonders gut wirken Menschen und Emotionen. Bestenfalls stellst du Menschen dar, die dein Produkt mit einer positiven Emotion benutzen. Das erhöht den Vertrauensfaktor. Karussells und Bild-Sammlungen sind interessant für Online Shops, die mehrere Produkte auf einmal präsentieren wollen. Als Format eignet sich am besten 1200 x 1800 Pixel.

Der Anzeigentext

Hast du ein Video oder Bild ausgewählt, kannst du deinen Text für die Anzeige eingeben. Die Überschrift ist hier natürlich ein besonders effektives Mittel zur Aufmerksamkeitserregung. Vereinzelte Emojis können unterstützend wirken. Die Titelzeile und der dazugehörige Begleittext sollte dem Leser einen echten Anreiz bieten, um den Link zu klicken.

Gleichzeitig sollte der Text möglichst klar und prägnant sein. Nur die wenigsten lesen sich einen Zehn-Zeiler bis zum Ende durch. Achte auch darauf, dass das Bild selbst nicht mehr als 20% Text enthält. Baue höchstens einen Slogan oder das Werbeversprechen mit ein. Fragen, die den Leser direkt an-

Titel: "Cologne Spirits - die Rum & Genussmesse in Köln"

"Lust auf Rum?
Auf der Cologne Spirits dreht sich alles um Rum. Komm zum neuen Eventformat in Köln und probiere ausgewählten Rum! Genieße neue Rum-Sorten und tausche dich mit Gleichgesinnten aus!"

sprechen und zum Nachdenken anregen, funktionieren gut. Unter folgendem Link kannst du von Facebook überprüfen lassen, ob die Menge deines Bildtextes im Rahmen liegt.

https://www.facebook.com/ads/tools/text_overlay

Mit einem Link zu deiner Website und einem Call to Action-Button rundest du deine Anzeige ab. Diese Punkte sind optional, aber Aufforderungen wie "Jetzt buchen" unterstreichen den Call-to-Action und können den Erfolg deiner Anzeige erhöhen.

Am Ende entscheidest du, wo deine Anzeige geschaltet werden soll: Im Desktop News Feed, im News Feed von Mobilgeräten oder in der rechten Spalte. Möchtest du z.B. eine besonders hohe Klickrate für ein Video generieren, schalte es am besten im 4:5 Hochformat als Vollbild auf Mobilmodus. Abgesehen davon, dass die Mobilversion etwas günstiger ist als die Desktop Version, hat deine Anzeige im Mobilen News Feed auf dem Smartphone die ungeteilte Aufmerksamkeit. Der User wird nicht von anderen Anzeigen an der rechten Spalte, vom Messenger o.ä. abgelenkt, wie es im Desktop News Feed der Fall ist. Geht es dir hingegen darum, ein Produkt oder Ticket für eine Veranstaltung zu verkaufen, ist die Desktop Version sicherlich die bessere Wahl, denn ein Kauf erfolgt seltener über das Handy. Man ist unterwegs, hat wenig Zeit, vielleicht auch kein WLAN und möchte sein Datenvolumen nicht verschleudern.

Ich rate dir außerdem, direkt mehrere Anzeigen gleichzeitig in einer Werbeanzeigengruppe zu schalten, die leichte Variationen bzgl. Bild, Video, Farbe, Text oder Links beinhalten. Das ermöglicht dir, sie später zu spitten, gegeneinander zu testen und sie anhand des Erfolgs zu optimieren, so wie wir dies auch bei der Cologne Spirits Kampagne getan haben.

Die Variation des Hintergrundes des "Hier dreht sich alles um Rum"-Videos bspw. hat uns gezeigt, dass das rote Video mit einer 50 % höheren Wahrscheinlichkeit geklickt wird.

Unsere 3 Schritte-Strategie noch einmal zusammengefasst:

1. Als erstes schaltest du eine Videoanzeige an eine Interessen-basierte Audience
   - ▸ Materialien: Video 10-15 sek, 4:5 Format, 1080 x 1350 px
   - ▸ Inspiration: Animation, Stopmotion

2. Danach schaltest du ein Bild mit deinem Angebot an alle Leute, die dein Video gesehen haben, um sie zu einer Reaktion zu animieren
   - ▸ Materialien: 2 Bilder, 1200 x 1800 px, Text + Titel für Anzeige
   - ▸ Inspiration: Knallige Farben, Menschen, Emotionen

3. Als dritten Schritt schaltest du eine Retargeting Anzeige auf alle User, die auf dein Angebot reagiert haben (z.B. durch Webseitenbesuch, Veranstaltungszusage etc.)
   - ▸ Materialien: 2 Bilder, 1200 x 1800 px, Text + Titel für Anzeige
   - ▸ Inspiration: Angebot, Dringlichkeit

Mit Facebook Kampagnen und der richtigen Strategie lassen sich, wie du siehst, relativ simpel Leads und Verkäufe generieren und der Umsatz steigern, auch wenn du noch ganz am Anfang deines Projekts stehst und keine Reichweite hast.

Mein Tipp an dich: Nichts geht über testen! Vergleiche und splitteste die verschiedenen Einstellungsmöglichkeiten für deine Werbeanzeigengruppen. Seien es Bilder mit unterschiedlichen Farben, Videos, die Zielgruppe, das Budget oder die Platzierung. So kannst du herausfinden, welche Inhalte am besten funktionieren, kannst maximale Aufmerksamkeit und Erfolg für dein Produkt herausholen und dabei die Kosten möglichst gering halten.

MACHE IMMER EIN UNWIDERSTEHLICHES ANGEBOT

"Präsentiere deinen Kunden immer ein bestmöglich auf ihre Situation zugeschnittenes Angebot."

Diese Regel umfasst zwei Aspekte: Zum einen natürlich die Attraktivität und Kommunikation des Angebots und zum anderen den Kunden. Ein Kunde hat verschiedene Probleme, Bedürfnisse und Interessen, die ein Angebot für ihn relevant machen oder nicht; zudem spielt seine Position, in der er sich gerade in deiner Kundenwelt befindet, eine wichtige Rolle. Dabei gilt in der echten wie in der digitalen Welt das gleiche Prinzip: Kommt ein Kunde zu dir, begrüße ihn erst freundlich und stehe ihm beratend zur Seite, um ihn im richtigen Moment bei seiner Kaufentscheidung zu unterstützen.

DIE ANGEBOTSERSTELLUNG

Wir haben bereits gelernt, dass Aufmerksamkeit in der heutigen Zeit die wohl am meisten begrenzte Ressource ist und sich ein Interessent in aller Regel nur mit Angeboten beschäftigt, die maximal relevant für ihn sind. Diese Tatsache solltest du unbedingt bei deiner Angebotserstellung berücksichtigen.

Ein Autoverkäufer wird einer Familie, die sein Geschäft betritt, nicht den Sportwagen anbieten, sondern viel eher den Kombi oder den SUV. Dies musst auch du beim Targeting sicherstellen. Gestalte dein Angebot immer optimal **auf deine Zielgruppe** zugeschnitten. Bleiben wir beim Autobeispiel: Kennst du heute noch alle Modelle, die VW oder Mercedes je auf dem Markt gebracht hat? Ich jedenfalls nicht. Das mag daran liegen, dass ich mich wenig mit Autos beschäftige, vor allem aber liegt es daran, dass die Hersteller ihre Angebotspalette in den letzten zehn Jahren stark erweitert haben, um jeder Zielgruppe das für sie Passende bieten zu können. Das solltest du auch. Präsentiere jedem Kunden das für ihn bestmögliche Angebot.

DIE PRÄSENTATION DES ANGEBOTS

Genauso wichtig wie das Angebot an sich ist aber auch, wie es für den Kunden verpackt wird. Jeder Kaufprozess ist geprägt von gewissen Unsicherheiten auf Seiten des Kunden. Er wird sich fragen:

» Bekomme ich wirklich, was mir versprochen wird?

» » Löst das Produkt mein Problem?

» » Ist der Anbieter vertrauenswürdig?

» » Ist das Produkt sein Geld wert?

Diese Fragen gilt es bereits im Vorfeld zu beantworten. Eine einfache und klare Kommunikation ist hier entscheidend. Wie bereits beschrieben, ist die Aufmerksamkeitsspanne im Internet kürzer als in der analogen Welt, die Verfügbarkeit von Ablenkungen und Alternativen erscheint dem Kunden zugleich weit größer. Der nächste Anbieter und das nächste Angebot sind nur einen Klick entfernt. Dies verstärkt die Bedeutung der klaren Kommunikation immens. Weiterhin ist der durchschnittliche Kunde tendenziell träge. Selbst wenn er dir vertraut und versteht, dass ihn das Angebot weiterbringt, heißt das noch lange nicht, dass er die Kaufentscheidung sofort trifft. Selbst wenn er die Entscheidung innerlich getroffen hat, muss er den Willen dann auch noch in die Tat umsetzen und den Kauf durchführen.

Damit deine Interessenten aktiv werden und dein Produkt am besten sofort kaufen, solltest du ihnen einen extrem guten Deal anbieten: Wenn auf einem Markt die Äpfel für die Hälfte verkauft werden, bildet sich eine Gruppe um den Stand. Wenn es noch einen Kilo Trauben als Bonus dazu gibt, reißen sich die Leute um das Angebot. Erklärt der Verkäufer, dass er seinen Stand mit diesem unglaublich guten Angebot in 30 Minuten schließen wird, geht niemand mehr an diesem Stand vorbei. Ruft nun einer in der Menge, dass nur noch zehn Tüten übrig sind, bricht Unruhe in der Gruppe aus.

Was ist hier passiert? Die Kunden wurden aktiviert.

Ein Deal funktioniert besonders gut, wenn er sich vom regulären Angebot abhebt. Deswegen bieten sich regelmäßige Aktionsphasen und Aktionspreise an. Es gibt dem Kunden das Gefühl, einen besseren Deal zu bekommen als der Durchschnittskunde. Er hat einen Vorteil und spart gleichzeitig Geld. Das überzeugt.

Es gibt ein Unternehmen, welches das Instrument der Verknappung so gekonnt einsetzt, dass es das Kaufverlangen ihrer Kunden auf die Spitze treibt – die Modemarke Supreme (Marktwert ca. 1 Mrd.). Jeden Donnerstag kommt in den gerade mal elf Shops weltweit eine neue und stark limitierte Kollektion heraus. Diese wird nur auf den eigenen (Vertriebs-)Kanälen verkauft. Das ist aber noch gar nicht das wirklich Besondere: Einmal ausverkauft wird die Kollektion nie wieder angeboten. Supreme produziert nicht nach. Verpasst du deine Chance, bekommst du keine zweite. Deshalb werden die Kleidungsstücke auf Ebay für bis zu 1.500 % des eigentlichen Kaufpreises gehandelt. Das ist einfach unglaublich. Kein Wunder, dass die Kunden, ähnlich wie bei neuen Apple Produkten, jeden Donnerstag zu Tausenden vor den Stores stehen. Eine weitere Besonderheit ist der Newsletter von Supreme. Meldet man sich für den Newsletter an, bekommt man erst einmal nichts. In den Abonnenten wird geradezu das Verlangen nach Newslettern erzeugt. Erhält man schließlich einen, ist lediglich der Link zum Store mit der Ankündigung zu neuen Produkten enthalten. Wann diese dann tatsächlich in die Läden kommen, ist unklar.

Eine andere Strategie ist das Verschenken. Schenken ist eine uralte Tradition, welche es schon seit Anbeginn der Menschheit gibt. Ein Geschenk zu bekommen fühlt sich toll an. Hast du dir schon einmal am Buffet mehr auf deinen Teller gehäuft, als du eigentlich isst, nur weil es kostenlos war? Oder hast Werbegeschenke mitgenommen, die letztlich aber im Müll gelandet sind? Egal, ob du im Supermarkt ein Probe-Eis oder im Club ein Freibier angeboten bekommst, du greifst zu.

Jeder "Handel", den wir eingehen, hat prinzipiell Vor- und Nachteile. Wir haben Angst davor, unser Geld für etwas auszugeben, das sich am Ende vielleicht als Fehlinvestition herausstellt. Wenn Menschen aber ein kostenloses Angebot sehen, dann vergessen wir die Nachteile. Es gibt schließlich nichts zu verlieren, außer natürlich der Möglichkeit, etwas jetzt kostenlos mitzunehmen.

Anders als vor 200 Jahren werden heute die meisten Waren nicht mehr auf physischen Marktplätzen sondern in der digitalen Sphäre gehandelt. Die erläuterten Mechanismen funktionieren aber auf beiden Ebenen identisch. Man muss nur die richtige Darstellungsform finden. Hierfür habe ich dir unsere konkrete Checkliste beigefügt, die wir intern verwenden und die auch dir auf einen Blick dabei hilft, dein Angebot bestmöglich darzustellen.

1. Wie erstelle ich ein unwiderstehliches Angebot?
   a) Mach dein Angebot spezifisch.
   b) Löse ein relevantes Problem.
   c) Biete etwas an, dass die Menschen kaufen wollen und nicht etwas, das die Menschen brauchen.

2. Wie verpacke ich dieses Angebot?

   a) Finde einen ansprechenden Produktnamen, der für die Zielgruppe passt.

   b) Formuliere einen Preis.

   c) Überlege dir eine Rabattaktion.

   d) Füge Boni hinzu und/oder eine Premiumversion.

   e) Baue ein Produkt-Bundle (Buch + Hörbuch).

   f) Nimm dem Interessenten das Risiko (Garantie, Testimonials, Logos für Trust).

   g) Mache dein Angebot dringlich (Verknappung).

Wir gehen bei der Produkterstellung oft so vor, dass wir zuerst die Verkaufsseite erstellen und erst dann das Produkt im Detail ausgestalten. Das führt im Ergebnis zu einem Produkt, das sich bestmöglich vermarkten lässt.

Wenn dein Angebot mehr Kunden überzeugt, als das der Konkurrenz, dominierst du diesen Bereich. Bei gegebenen Besucherzahlen machst du mehr Abschlüsse. Du erhöhst deine Kundenanzahl. Und wenn du deinen Kunden auch zukünftig perfekt auf ihre Situation zugeschnittene Angebote bestmöglich präsentierst, erhöhst du auch den Kundenwert.

Du dominierst diesen Bereich und kannst deine Dominanz Schritt für Schritt weiter ausbauen.

PRAXISTEIL 2

VERKAUFSSEITEN

Die Erstellung von überzeugenden Webseiten begleitet mich seit nunmehr 13 Jahren. Um dir eine möglichst funktionale Hilfestellung zu geben, damit du deinen Markt mit herausragenden Conversion Rates dominieren kannst, möchte ich dir im Folgenden unsere Checkliste für verkaufsstarke Landingpages präsentieren. Mit ihrer Hilfe findest du garantiert den richtigen Ansatzpunkt, um deine Landingpage noch überzeugender zu gestalten. Ich möchte aber nicht nur, dass deine Seiten mehr verkaufen, du sollst auch den Hintergrund verstehen. Deshalb erfährst du hier, nach welchem konkreten Schema wir unsere Verkaufsseiten gestalten.

DER ABOVE-THE-FOLD-BEREICH

Das, was ein Besucher auf deiner Webseite nach dem Laden ohne zu scrollen zuallererst zu Gesicht bekommt, ist der "Above the fold" Bereich. Es ist nicht nur der erste, sondern auch der ausschlaggebende Eindruck, den du potenziellen Kunden vermittelst. Peep Laja vom ConversionXL Institut hat herausgefunden, dass der Above the fold Bereich immer noch fast 80 % der Aufmerksamkeit erntet, obwohl sich die Nutzer eigentlich ans Scrollen gewöhnt haben. Dieses Ergebnis deckt sich auch mit unserem. Daher sollte der Besucher hier bereits alle Informationen über dein Angebot erhalten, um sich für einen Kauf entscheiden zu können.

Zunächst ist es wichtig, dass du dich auf ein Hauptkommunikationsmittel fokussierst, worüber das Angebot optisch klar und strukturiert vermittelt wird. Aber auch auf allen anderen Endgeräten sollte der Above the fold Bereich bestmöglich dargestellt werden, denn dieser sieht auf dem Smartphone anders aus als auf dem Desktop oder einem iPad. Dort ist er für Smartphonenutzer bedeutend kleiner und du musst hier viel kompakter präsentieren. Es empfiehlt sich ein Maussymbol einzublenden, was die Nutzer zum Klicken animiert und automatisch in den nächsten Abschnitt scrollt.

Bilder und Videos spielen auch hier erneut eine enorme Rolle. Wie im vorigen Kapitel erläutert, funktionieren Videos in aller Regel am besten, da sie den Content auf eine emotionale und - wortwörtlich - bewegende Weise vermitteln. Es ist natürlich kein Muss, je nach Zielgruppe sind auch reine Textseiten sinnvoll. Bedenke jedoch, dass Internetuser meist nur einen möglichst geringen Energie- und Zeitaufwand aufbringen möchten bzw. können. Daher ist die Wahrscheinlichkeit , dass ein kurzes Video angesehen wird, höher als dass ein seitenlanger Text gelesen wird.

Von besonderer Bedeutung ist eine klare Darstellung des Hauptverkaufsarguments. Stelle mit einer Headline dein Produktversprechen bzw. deine Problemlösung in den Vordergrund. Jeder, der auf deine Seite kommt, muss direkt erkennen können, worum es auf deiner Seite geht und welche Vorteile dein Produkt beziehungsweise deine Dienstleistung bietet. Allein die Wortwahl kann bereits einen starken emotionalen Anker setzen. Mehr dazu erfährst du im späteren Abschnitt unter Emotionalität.

Mach dein Angebot unwiderstehlich, indem du mit einem Call-To-Action (CTA), also mit einer Verknappung arbeitest. Vermittle dem Besucher, dass dein Angebot nicht ewig verfügbar sein wird und er sich schnell entscheiden muss. Hier ist eine seitliche Banderole, ein präsent platzierter Countdown oder zumindest ein Datum äußerst wirkungsvoll. Zudem gibst du deinen Nutzern eine klare Anweisung, wie sie vorgehen müssen, um das Angebot zu erhalten. Die Handlungsaufforderung sollte am Anfang und am Ende deiner Werbebotschaft platziert sein. Bevormunde den Kunden aber hier nicht. Der CTA soll nur als Impuls fungieren sowie seriös und subtil gestaltet sein. Direkte Ansprachen wecken zudem das Vertrauen und motivieren, sich beispielsweise in die Optin-Page einzutragen.

VERTRAUEN

Wenn man heute den Dienstleistungsmarkt betrachtet, sieht man viele Selbständige und Unternehmen, die genau die gleichen Angebote haben. Als Paradebeispiel sei hier eine Autowerkstatt genannt. Nach welchen Kriterien entscheiden wir uns, wo wir, wenn nötig, unser Auto abgeben? Warum genau diese Werkstatt und nicht etwa die Konkurrenz, die genau das Gleiche zu einem vielleicht sogar günstigeren Preis anbietet? Sehr häufig hängt das mit dem Vertrauen zu einem Anbieter zusammen.

Um zu dominieren, musst du deine Kunden dazu bringen, dir ein gewisses Mindestmaß an Vertrauen zu schenken. Erst dann wirst du überhaupt etwas verkaufen. Und je teurer deine Produkte sind, desto mehr Vertrauen musst du im Vorfeld aufbauen.

An dieser Stelle möchte ich kurz auf die Prinzipal-Agenten-Theorie von Michael Jensen und William Meckling eingehen: Diese Theorie besagt, dass der Verkäufer (Agent) gegenüber dem Käufer (Prinzipal) immer einen Informationsvorsprung hat. Der Käufer kennt nicht alle Details des Produkts bzw. ist es mit einem sehr großen Aufwand verbunden, sich auf diesen Stand zu bringen. Er hat zumeist nicht die nötigen Fachkenntnisse und es stehen ihm auch nicht alle Informationen vor Vertragsabschluss zur Verfügung. Der

Kunde muss dir als Verkäufer also nahezu blind vertrauen. Indem du ihm aber möglichst einfach, anschaulich und eindrucksvoll darstellst, was du und dein Unternehmen können und was ihr bereits erreicht habt, nimmst du ihm idealerweise die Zweifel und beantwortest seine Fragen, bevor er sich diese überhaupt stellt.

Einige Elemente haben sich für uns als besonders erfolgsversprechend herausgestellt. Im folgenden Abschnitt möchte ich dir vorstellen, nach welchen Faktoren wir bei der Erstellung jeder neuen Landingpage vorgehen und wie wir ein entsprechendes Element sinnvoll einbauen.

Menschen sind Herdentiere und orientieren sich gerne an dem, was Andere machen oder schon gemacht haben. Daher sollte deine Seite **Testimonials** (Kundenrezensionen) beinhalten, bestenfalls mit dazugehörigem Bild der Person. Das Prinzip dahinter nennt sich "Soziale Bewährtheit". Lass deine zufriedenen Kunden zu Wort kommen. Wenn du noch keine Kunden hast, lass ein paar ausgewählte Personengruppen kostenlos testen. Durch positive Kundenstimmen entsteht der Eindruck, dass dein Produkt empfehlenswert und somit eben sozial bewährt ist. Statt klassischem Text sind auch Videotestimonials oder Social Media Screenshots von begeisterten Kunden(nachrichten) sehr wirkungsvoll und vertrauensschaffend.

Einen ähnlichen Effekt wie Testimonials haben auch sogenannte **Social-Proof-Bubbles.** Folgendes Beispiel: Vor einem Nachtclub bildet sich eine lange Schlange. Je länger die Schlange wird, desto angesagter wirkt der Club und desto eher möchte man selbst dort reinkommen. Welche bessere Werbung gibt es? Übertrage dieses Beispiel also auf deine Website. Mache die Kaufvorgänge sichtbar und zeige anonymisierte Transaktionen in Echtzeit. Sicherlich sind dir schon einmal Sätze wie "12 Mal verkauft in den letzten 60 Minuten" bei Reise- oder Ticketverkaufsportalen aufgefallen. Mit Digistore24 kannst du solche Social-Proof-Bubbles ganz einfach erstellen.

„„Präsentiere deinen Kunden immer das best- mögliche Angebot.

Christoph J. F. Schreiber

Zeige die **Erfolgsstorys** von Kunden, die durch dein Produkt oder deine Dienstleistung erfolgreich wurden. So wird den Besuchern auf deiner Verkaufsseite quasi bildlich vor Augen geführt, wie ihr Leben mit deinem Angebot aussehen könnte. Außerdem generierst du eine Menge Vertrauen in dein Unternehmen, indem Interessenten sehen, dass deine Angebote wirklich funktionieren.

Expertise und Seriosität strahlt ab. Wenn vorhanden, dann füge auf deinen Verkaufsseiten die **Logos deiner Partner und Kunden** mit ein. Kennen Nutzer die Unternehmen, mit denen du zusammenarbeitest, dann wirkst du auf sie gleich viel glaubhafter. Je größer die Marke, desto größer das Vertrauen. Dieser Effekt ist auch unter dem Namen Halo-Effekt oder Heiligenschein-Effekt bekannt. Wenn du mit DHL versendest oder man bei dir mit Visa bezahlen kann, dann nutze diese Logos. Eine entsprechende Erlaubnis zur Verwendung der Logos bekommt man relativ einfach.

Es gibt prinzipiell drei Kategorien von Kunden. Die Ja-Sager, die Nein-Sager und die Vielleicht-Sager. Die Typen sind, denke ich, selbsterklärend. Die Vielleicht-Sager kannst du mit einer **Garantie**, die ihnen ihr Risiko abnimmt, am besten überzeugen. Mögliche Varianten stellen die Bestpreis-Garantie, die Geld-zurück-Garantie oder die Zufriedenheitsgarantie dar. Sei ruhig etwas kreativ und entwickle auch selbst passende Garantien für deine Kunden. Du könntest bspw. auch eine Erfolgsgarantie anbieten, bei der die Kunden ihr Geld zurückbekommen, wenn sie keinen Erfolg mit deinem Produkt haben.

Du kennst sie bestimmt und wahrscheinlich waren einige schon für Kaufentscheidungen von dir verantwortlich: **Gütesiegel und Auszeichnungen**. Siegel haben einen entscheidenden Einfluss auf das Vertrauen, die Kaufwahrscheinlichkeit und die Preisbereitschaft der Kunden. Es gibt sie mittlerweile von den verschiedensten Anbietern und für viele Branchen und Nutzungsszenarien. Siegel zeichnen herausragende Leistungen aus. Sie werden dir extern von diversen Anbietern auf Basis von Kundenbewertungen ausgestellt.

Berichte von etablierten Medien über dich sind auch eine sehr vertrauensfördernde Maßnahme. Wenn es Zeitungsartikel über dich und/oder dein Unternehmen gibt, kannst du Screenshots der Headline und kleine Auszüge deiner Seite beifügen. Ein positives Statement von einer neutralen Autorität zu deinem Produkt/ deiner Dienstleistung bestätigt deine Glaubwürdigkeit.

Überlege einmal, mit wem du gerne zusammenarbeiten würdest. Vermutlich mit jemandem, der genau auf deine Wunschdienstleistung ausgelegt ist oder der ein umfangreiches Angebot liefert. Du würdest doch mit Sicherheit zu einem Spezialisten gehen. Das Prinzip dahinter ist wiederum Vertrauen. Deshalb ist auch dein **Expertenstatus** ausschlaggebend. Lasse dich von anderen Kunden weiterempfehlen und gebe viel hochwertiges Wissen gratis (z.B. mit Blogartikeln, Fachbeiträgen, Interviews, etc.) weiter. Positioniere dich als Experte.

Menschen kaufen am liebsten von anderen Menschen und nicht von anonymen, gesichtslosen Firmen. Um dem entgegenzukommen und das Vertrauen zu maximieren, ist es ratsam, den **Hersteller bzw. Gründer** mit einem Bild auf der Verkaufsseite zu platzieren. Auch ein persönliches Statement wirkt nahbar und bodenständig.

BENEFIT UND FEATURE

Nur eine wirksame und zielgerichtete Produktinszenierung führt zu gewünschten Ergebnissen. Bei der Produktdarstellung kommt es darauf an, den Leuten nicht nur klar zu machen, was sie überhaupt bekommen, sondern vor allem welche Benefits sie speziell von deinem Produkt oder deiner Dienstleistung erwarten können. Was hast du, was die Konkurrenz nicht hat? Fühlt sich der Kunde mithilfe deines Produkts vielleicht besser, sieht er anders aus oder erhält einen anderen Status? Wenn du nicht über positive Emotionen verkaufen kannst, versuche es einmal mit negativen, indem du darstellst, was passiert, wenn der Kunde dein Produkt nicht kauft. Verkaufst zu bspw. Zahnbürsten kannst du nicht unbedingt mit Zähneputzen als Spaßfaktor werben, aber stattdessen damit, welche Zahnschmerzen wir ohne die tägliche Mundhygiene hätten. Über die Emotionen Schmerz und Angst kann man besonders gut verkaufen. Beschreibe die negativen Folgen, die der Kunde ohne dein Produkt hat, wie sein Leben aussieht, wenn er sich nicht für deine Lösungen entscheidet.

Verstehst du den Unterschied zwischen einem Benefit und einem Feature? Ein Feature ist ein Produktmerkmal, ein Benefit ist ein Nutzen. Das Produktmerkmal führt zu einem Nutzen. Nehmen wir einen Mp3-Player-Hersteller als Beispiel. Ein Feature ist es zu sagen, dass das Gerät ein Gigabyte an Speicherkapazität hat. Der Benefit hieraus ist, dass der Nutzer 1.000 Songs speichern kann. Was ist verständlicher? Natürlich der Benefit. Der Nutzer braucht kein technisches Know-how und fühlt sich nicht wie ein Dummkopf, wenn er die Einstellungen nicht versteht. Er weiß aber, dass tausend Songs

FEATURE

- Design aus Glas und Edelstahl
- 5,8" Super Retina HD Display
- 12 Megapixel Dual-Kamera
- 7 MP TrueDepth Frontkamera
- Face ID
- A12 Bionic Chip
- 2 m Wassergeschützt
- Kabelloses Laden

8:00
Januar 01

BENEFIT

Mit dem Kauf des Roten iPhones unterstützt du den Kampf gegen AIDS.
Verändere, wie du arbeitest, lernst, spielst und interagierst.
Die Datenserver sind 100 % mit erneuerbaren Energien betrieben.
Deine Daten sind von Anfang an verschlüsselt
Leistungsstärkster und intelligentester Smartphone Chip aller Zeiten
Fotos in Studioqualität erstellen

eine Menge Songs sind.

Du musst dir also die Frage stellen: Was ist das Endresultat - der individuelle Nutzen, den ein Kunde von deinem Angebot haben wird? Nur das ist es, was ihn interessiert. Natürlich entsteht Nutzen im Auge des Betrachters. Desto wichtiger ist es, dass du weißt, welche Benefits für deine Zielgruppe wichtig sind.

Liste die Produktfeatures bei der Darstellung kurz in Textform mit 1-3 Worten auf. Menschen lieben Listen. Verwende aussagekräftige Wörter und zeige deinen Kunden, was das Besondere an jedem einzelnen Feature ist.

PRODUKTVISUALISIERUNG

Mache dein Produkt auch visuell erlebbar. Arbeite mit Packshots, Produkt- und Anwendervideos. Setze dein Produkt mit hochwertigen Fotos in Szene, damit der Kunde sich schon konkret vorstellen kann, wie es ist, dein Produkt in den Händen zu halten. Für digitale oder noch nicht existierende Produkte kannst du 3D-Grafiken erstellen lassen.

DER PREIS

Der Erfolg oder Misserfolg von Produkten ist nicht immer nur deren Qualität geschuldet. Eine große Rolle spielt immer auch der Preis und die richtige Preisargumentation. Zu niedrige ebenso wie zu hohe Preise können negative Auswirkungen mit sich bringen. Bietest du deine Leistungen günstiger an als deine Konkurrenz, kannst du schnell als billig abgestempelt werden. Du verschenkst Umsatzpotenzial und machst weniger Gewinn. Im schlimmsten Fall machst du gar keine Verkäufe. Bist du zu teuer, dann fällt den Kunden die Entscheidung leicht, von dir zu einem günstigeren Anbieter zu wechseln.

Was du brauchst ist eine klare Preisargumentation. Aus dem Supermarkt weißt du sicherlich, dass Menschen normalerweise mit niedrigen Preisen angelockt werden. Das Gegenteil funktioniert ebenfalls. Luxusmarken stellen eindrucksvoll dar, dass hohe Preise für ein hohes Markenansehen sorgen können. Der Konsument sieht ein teures Produkt und assoziiert automatisch eine hohe Qualität. Frei nach dem Motto "Was nichts kostet, ist auch nichts."

Eine beliebte Taktik ist das sogenannte "Ankern" von Kunden. Hierbei setzt du deinen aktuellen Preis mit einem deutlich höheren Preis in Verbindung, sodass dein eigentlicher Preis lächerlich klein wirkt. Bei unserem Contra Diamond Club nutzen wir diese Strategie folgendermaßen. "Teilnehmer haben bis zu 1.249 € für eine Eintrittskarte bezahlt. Du erhältst jetzt die Aufzeichnungen von allen Contras für nur 199 €!"

Jeder liebt es, zu gewinnen und somit ist es auch ein Sieg, einen günstigeren Preis als die Mehrheit ergattert zu haben. Gebe daher immer einen deutlichen Rabatt. Idealerweise limitierst du diesen zeitlich oder mengenmäßig, um einen starken Handlungsanreiz zu setzen. Dein Rabatt sollte aber natürlich immer sinnvoll begründet und nie übertrieben oder unglaubwürdig sein.

Du hast bereits gelernt, dass kostenlose Dinge im Kopf einen Schalter umlegen und uns Menschen quasi magisch anziehen. Bei deinen Produkten kannst du den Gratisknopf im Gehirn aktivieren, indem du kostenlose Boni zu deinem Produkt dazu gibst. Achte aber auf eine klare Trennung zwischen deinen Produktinhalten und den Boni, um dein Angebot so möglichst umfangreich darzustellen und den kostenlosen Zusatz zu unterstreichen.

Eine ebenfalls bewährte Strategie ist die Preismatrix. Hierbei bietest du von deinem Produkt drei verschiedene Varianten an. Quasi so ähnlich, wie wenn du beim Bäcker eine Tasse

Kaffee bestellst. Es gibt die Größen klein, mittel und groß. Anhaltspunkt für die Preismatrix ist der mittlere Preis (MP). Speziell für unsere Events nutzen wir die folgende Formel:

der niedrigste Preis = MP x $^2/_3$ und der höchste Preis = MP x 2,5

Der niedrigste Preis sollte hierbei links stehen und der höchste Preis rechts. Wenn du Netflix abonniert hast, kennst du dieses Modell sicherlich. Hier gibt es drei Abo-Versionen. Ein einfaches Abo mit etwas schlechterer Videoqualität. Ein mittleres Abo mit guter Qualität, welches zwei Personen gleichzeitig nutzen können und dann noch ein höherwertiges für vier Nutzer gleichzeitig.

Wählen Sie das Abo, das Ihren Bedürfnissen am besten entspricht.

Sie können sich jederzeit für eine niedrigere oder höhere Abo-Stufe entscheiden

	Basis	Standard	Premium
Preis nach dem Ende des Gratismonats am 24.08.18	7,99 €	10,99 €	13,99 €
HD verfügbar	×	✓	✓
Ultra-HD verfügbar	×	×	✓
Anzahl der Geräte, auf denen Sie Netflix gleichzeitig anschauen können	1	2	4
Ansehen auf dem Laptop, Fernseher, Smartphone und Tablet	✓	✓	✓
Unbegrenzter Zugang zu Filmen und Serien	✓	✓	✓
Jederzeit kündbar	✓	✓	✓
Erster Monat kostenlos	✓	✓	✓

https://www.netflix.com/signup/planform

VERKNAPPUNG

Mit einer Verknappung gibst du vielen deiner Interessenten den entscheidenden Impuls, dein Produkt sofort zu kaufen. Ein Aktionspreis, ein begrenzter Aktionszeitraum, eine begrenzte Menge oder eine verhaltensabhängige Verknappung sind hier praktikable Optionen. Nicht selten liest man Sätze wie "Dieses Angebot besteht nur jetzt im Anschluss an deine Bestellung" oder "Sichere dir dein Ticket bis zum 01.09. und erhalte es so zum garantiert günstigsten Preis". Dabei ist es in jedem Fall wichtig, dass du authentisch bleibst und die Verknappung tatsächlich statt nur fiktiv einsetzt. Der Countdown ist vermutlich die häufigste Methode. Dabei kündigst du dem Kunden an, deinen Produktpreis nach einem bestimmten Datum anzuheben oder dein Produkt nur bis zu einem bestimmten Datum zum Verkauf anzubieten. Countdowns kannst du auch in deinen Bestellformularen anwenden, um deine Chart-Conversion anzuheben.

Aber nicht nur bei bezahlten, sondern auch bei kostenfreien Angeboten ist eine Verknappung sinnvoll.

Beim Thema "Gratisknopf" aktivieren ist es sinnvoll, die Boni zu limitieren. Biete bestimmte Boni bspw. nur für die ersten 100 Kunden. Dem Kunden muss klar werden, dass er sich schnell für einen Kauf entscheiden muss, damit er nichts verpasst.

Du kennst das Prinzip der Verknappung von großen Online-Versandhändlern wie Amazon oder Zalando, wo unter den Produkten "Nur noch 7 Stück auf Lager" steht. Oder von Hotelseiten, wenn du dabei bist "Das letzte verfügbare Zimmer (zu diesem Preis)" zu ergattern und von oben erwähnten Fluggesellschaften, wo man die Buchung innerhalb von 15 Minuten abschließen muss, damit der Preis sich nicht erhöht.

Verknappung ist also ein unglaublich mächtiges Instrument. Die psychologischen Effekte, die auf Menschen wirken, allen voran die Angst davor, etwas zu verpassen, sind enorm.

DER KAUFBEREICH: DAS ZENTRUM DES ANGEBOTS

Der Kaufbereich auf deiner Webseite ist der Ort, an dem der Kunde "ja" zu deinem Produkt sagen soll. Er ist darauf ausgelegt, den Kunden final vom Kauf zu überzeugen. Hier baust du einen auffälligen Kaufbutton, eine Übersicht der Produktfeatures, einen Aktionspreis, die Produktabbildung und deine Garantien und Siegel ein. Da wir immer recht erklärungsbedürftige Produkte verkaufen, nutzen wir diesen Bereich als eine Art Kurzzusammenfassung am Ende einer langen Verkaufsseite, in der wir die wichtigsten Argumente einbinden. Die meisten Salespages haben mehrere Kaufbereiche. CTA-Bereiche sind verkürzte Kaufbereiche, die nach wichtigen Elementen auf deiner Verkaufswebseite eingepflegt werden. Kunden, die sich bereits für einen Kauf entschieden haben, bietest du die Möglichkeit, dein Produkt schnell zu bestellen. Die CTA-Bereiche verlinken immer direkt in den Warenkorb.

Da wir Menschen uns in Gewohnheiten wohl fühlen, rate ich dir bei den Kaufbuttons keine Experimente zu machen, sondern auf Altbewährtes zu setzen. Buttons sind deshalb so effektiv, weil jeder genau weiß, wie sie funktionieren und zu handhaben sind.

Bei der Buttonfarbe gibt es kein einheitliches Erfolgsrezept. Hier solltest du einfach testen, was speziell bei deiner Zielgruppe am besten funktioniert. Farblich ist nur wichtig, dass der Button ins Konzept passt, sich aber gleichzeitig vom Rest der Seite abhebt und hervorsticht. Wenn du dir unsicher bist, würde ich mich an der umsatzstärksten E-Commerce-Seite der Welt orientieren: Amazon setzt auf gelbe Buttons mit dunkelblauer Schrift.

EMOTIONALITÄT

Die Emotionen, die deine Seite in einer Person hervorruft, kannst du durch unterschiedliche Farben, Typografien, Bilder, Videos, Hintergrundflächen sowie durch Musik stark beeinflussen. Diese Effekte solltest du beim Erstellen deiner Webseite bewusst steuern. Lege von vornherein fest, was dein Besucher empfinden soll, um auf diese Weise deine Conversion zu erhöhen.

Dazu musst du deinen Kunden und dein Produkt zusammen im Blick haben. Wie sollte das Kundenerlebnis aussehen und wie kannst du dieses mit den richtigen Emotionen am besten vermitteln? Beispielsweise kann eine bewusste Überladung der Angebotsseite dazu führen, dass dein Angebot sehr viel umfangreicher wirkt, als es tatsächlich ist. Der Kunde hat also das Gefühl, dass er viel für sein Geld bekommt.

Ein für den Betrachter sehr unterbewusstes, aber enorm effektives Werkzeug, mit denen sich Emotionen triggern lassen, sind Farben. Die Farbe blau ruft bspw. die Assoziationen Vertrauen, Verlässlichkeit und Stärke hervor, kann im falschen Kontext aber auch unpersönlich und kalt wirken. Bilder haben ebenfalls ein hohes Aufmerksamkeits- und Emotionalisierungspotenzial. So kannst du dich z.B. durch Portraits als Autorität oder als Freund positionieren. Du kennst das aus der Zeitung; in aller Regel schaut man zuerst auf die Bilder, dann auf die Schlagzeile und erst dann auf den Fließtext. Nutze diesen Effekt smart und rufe die passenden Emotionen zu deinem Produkt hervor.

Unterschiedliche Farben wecken unterschiedliche Assoziationen beim User.

Musik wirkt sich nochmals auf eine ganz andere Weise auf Emotionen aus. Bestimmte Lieder und Melodien bringen uns gar in eine andere Gefühlswelt. Arbeite je nach Kontext gezielt mit fröhlicher, epischer oder hektischer Musik, um mehr Trigger zu setzen.

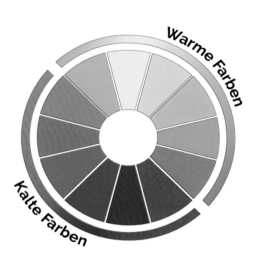

GELB

+ freundlich, glücklich, optimistisch

− aufdringlich, giftig, feige, neidisch

ROT

+ stark, mutig, leidenschaftlich, dynamisch, aktiv, warm, vital

− Gefährlich, aggressic, dominant, arrogant, brutal, laut, provozierend

BLAU

+ still, entspannt, vertrauensvoll, verlässlich, autoritär, stark

− kalt, unpersönlich, depressiv, langweilig

ORANGE

+ freundlich, warm, einladend, vital, jung, fröhlich

− billig, aufdringlich, unseriös, laut unrihig

VIOLETT

+ ausergewöhnlich, magisch, phantasievoll, originell, kreativ

− unnatürlich, unsicher, unsachlich, künstlich, zweideutig

GRÜN

+ natürlich, entspannt, ruhig, positiv, harmonisch, erholsam

− unreif, giftig, sauer, bitter, unerfahren, neidisch

WEISS

+ schlicht, neutral, sauber, rein, elegant

− kalt, steril, leer

SCHWARZ

+ seriös, elegant, klassisch, neutral, sachlich, modern, funktional

− düster, traurig, einsam

GRAU

+ schalich, elegant, professionell, förmlich

− langweilig, charakterlos, trist, deprimierend, dreckig

Unterschiedliche Farben wecken unterschiedliche Assoziationen beim User

Neben der Musik spielen auch Geschichten eine wichtige Rolle, um die ungeteilte Aufmerksamkeit der Kunden zu gewinnen. Was würde dich mehr faszinieren? Stumm aneinandergereihte Fakten oder eine coole Story? Menschen lassen sich viel leichter durch gute Storys, als durch "langweilige" Fakten überzeugen. Außerdem werden interessante Storys weitererzählt, stumme Fakten eher weniger. Geschichten zum Produkt, zur Marke oder zu den Kunden gehören in die Werkzeugkiste von jedem Top-Verkäufer.

Emotionen führen zu Aktionen. Das darfst du niemals vergessen, wenn du digital dominieren willst. Jemand, der gelangweilt und desinteressiert ist, wird wohl kaum ein Ticket für dein nächstes Event kaufen. Jemand, der emotional bewegt wird, hingegen schon. Es ist also eine deiner Hauptaufgaben, Emotionen in deinen Interessenten zu wecken. Dabei solltest du dir selbst die Frage stellen: Wie begeistert bist du von deinem eigenen Produkt oder deiner Dienstleistung? So begeistert wie von deinem Lieblingsmusiker, wenn er seinen besten Song live spielt? Nur wenn du selbst absolut überzeugt von deinem Produkt bist, kannst du diese Begeisterung auch auf deine Kunden übertragen. Wir alle wissen, Begeisterung ist ansteckend!

EINWANDBEHANDLUNG

Selbst, wenn du deine Webseite bestmöglich gestaltest, bleiben bei manchen Besuchern Zweifel und offene Fragen. Diese landen dann entweder als Nachricht beim Support oder der Besuch wird stillschweigend abgebrochen. Für diese Art von Kunden erstellen wir auf unseren Seiten einen FAQ-Bereich. Hierbei beantwortest du die meistgestellten Fragen, welche Kunden von einem sofortigen Kauf abhalten könnten, direkt in einem kleinen gesonderten Bereich auf deiner Webseite. Sie erhalten ihre Antworten ohne Wartezeit und du sparst dir zudem noch viel Zeit im Support. Mit der FAQ-Sektion kannst du auch den Einwänden deiner Nutzer direkt entgegenwirken und sie entwerten, indem du sie als Frage vorwegnimmst. Du zeigst damit außerdem, dass du deine Zielgruppe ganz genau verstehst und Probleme lösen kannst.

Wenn deine FAQ-Sektion ganz unten auf deiner Seite ist, solltest du natürlich auch nochmals einen Call-to-Action einbauen.

EXIT POP UP

Unter klassischen Pop Ups stellt man sich als erstes störende Werbefenster vor, die unaufgefordert auf dem Bildschirm erscheinen. Bei Exit Pop Ups ist das anders. Diese Pop Ups gehen erst innerhalb des Browserfensters auf, wenn der Nutzer die Seite verlassen will. Nutzer, die deine Seite eigentlich verlassen wollen, kannst du so nochmals versuchen festzuhalten.

Die Deutsche Bahn nutzt dies bspw. bei der Fahrkartenbestellung. Will man im fortgeschrittenen Bestellprozess die Seite verlassen, bekommt man in einem Pop Up Hilfe bei der Bestellung angeboten. Manche Online-Shops bieten einen Rabatt an und andere wiederum nutzen Exit Pop Ups zur Leadgewinnung und steigern so massiv die Conversionrate mit der Eintragung in den Newsletter.

Damit du eine möglichst hohe Conversion erzielst, muss das Pop Up relevant zum vorliegenden Nutzerverhalten sein. Du wirst es nicht schaffen, mit einem Pop Up allen Kundentypen gerecht zu werden, daher der Tipp: Stelle eine Frage. Wenn du Menschen eine direkte Frage stellst, werden sie darauf zumindest innerlich antworten.

Besonders um Kaufabbrecher zurückzugewinnen, solltest du Exit Pop Ups nutzen. Hat ein Kunde ein paar Minuten im Warenkorb verbracht, ohne den Bestellprozess weiter zu führen, ist der Einsatz eines Exit Pop Ups sinnvoll. Zögert der Kunde und nimmt sich erst noch einmal Zeit, um den Kauf zu überdenken, braucht er genau an dieser Stelle den entscheidenden Impuls. Hier könntest du ihm einen einmaligen Gutschein anbieten, der nur für einen bestimmten Zeitraum gültig ist.

https://marketplace.magento.com/magetrend-mt-exitoffer.html

Woran erinnerst du dich eher? An eine abgeschlossene oder eine unterbrochene Aufgabe? Die Psychologin Bljuma Zeigarnik beobachtete in einer Studie Kellner und Kellnerinnen auf die Frage hin, wie lange diese sich an die Essensbestellungen zusammen mit den richtigen Gästen erinnern konnten. Das Ergebnis? Sobald das Essen serviert war, vergaßen die Kellner die Bestellungen. Offene Bestellungen waren für sie hingegen unvollständige Aufgaben, an die sie sich sehr gut erinnern konnten. Dieses psychologische Phänomen nennt man den Zeigarnik-Effekt.

Bei Exit Pop Ups funktioniert dies gleichermaßen. Bewege deine Besucher zum Handeln, indem du ihnen zeigst, dass sie eine Aufgabe noch nicht abgeschlossen haben. Weise sie mit einem Ladebalken in deinem Pop Up auf die Unvollständigkeit hin. Das Netzwerk LinkedIn nutzt diese Strategie sehr intensiv, um mehr Profildaten zu erhalten. Nutzer werden

INNER CIRCLE

Über 50 Experten vermitte
dir ihr Insider-Knowho

DE WOCHE

E BESTEN STRATEGIEN
ÜR DEIN BUSINESS

€ 1

JETZT TEST

uszug unserer Experten

**XANDER
ARCI**

**MATTHIAS
NIGGEHOF**

**STEPHAN
HEINRICH**

**THOMAS
KLUßMANN**

**DR. S
FRÄ**

DIRK

BENEDIKT

DR. MARTIN

PASCAL

CHR

Monatliche interaktive Live-Coachings mit ausgewählten Experten.

BUSINESS

- über 50 Stunden Experten-Knowhow
- aufbereitet in Videoformat
- nützliche Tools
- alle wichtigen Ressourcen

Hebe dein Unternehmen auf das nächste Level!

WWW.GRUENDER.DE/INNER-CIRCLE

Wann?

09. - 11.06.2021

Wo?

Düsseldorf

Das mächtigste Instrument für mehr Umsatz

EXZELLENTES MARKETING

Nur exzellentes Marketing kann zu erheblichen Umsatz-steigerungen führen. Und genau das bekommst du auf der Contra.

Maximiere deinen Umsatz jetzt. Steigere deine Kaufraten und erhalte nachweislich mehr Besucher.

WWW.DIE-CONTRA.DE

50€ RABATT
CODE: CON2021

CONTRA
EXZELLENTES **MARKETING**
2021

50€
RABATT
CODE: CON2021

14 EVENTS IN EINEM!

- Conversion Optimierung
- E-Mail Marketing
- Storytelling
- Verkaufspsychologie
- Funnel Design
- Branding / Positionierung
- PPC: Facebook Ads, Instagram Ads, Google Adwords ...

- SEO
- Social Media Marketing
- Affiliate Marketing / Partner Marketing
- Influencer Marketing
- Chatbots
- Podcast
- Amazon FBA

aufgefordert, immer mehr Informationen anzugeben, bis ihr Profil zu 100 % vollständig ist.

Deiner Kreativität sind hier keine Grenzen gesetzt. Du musst mit dem Pop Up einfach nur so viel Aufmerksamkeit erzielen, dass der Nutzer auf deiner Seite bleibt. Es ist auch ein praktikabler Weg, dem Nutzer seine Handlung vorzulegen. So könntest du auf deiner Webinar Optin Page als Exit Pop Up auch einfach das Optin Formular nehmen. Du könntest dein Social Media Profil verlinken oder einfach ein lustiges Bild hinzufügen, um Aufmerksamkeit zu gewinnen?

Please don't go...

Use the code below at checkout for 10% OFF your order.

TAKE10OFF

https://optinmonster.com/40-exit-popup-hacks-that-will-grow-your-subscribers-and-revenue/

DIE MAGIE KOSTENLOSER ANGEBOTE

In einem Experiment wurde Passanten an einem Stand Schokolade angeboten. Zum einen Trüffelschokolade von der bekannten Edelmarke Lindt, zum anderen Hershey's Milchschokoladen-Küsse. Über dem Verkaufstisch war ein Schild mit "Ein Stück Schokolade pro Kunde" angebracht. Die Lindt-Schokolade wurde für 15 Cent pro Stück verkauft, die von Hershey's für einen Cent. 73 % der Passanten entschieden sich für die Trüffelschokolade und nur 27 % für die Milchschokolade. Man könnte argumentieren, dass dieses Ergebnis auf die gute Qualität der Lindt-Schokolade oder den bevorzugten Trüffelgeschmack der Personen zurückzuführen ist.

Im zweiten Schritt wurden allerdings beide Angebote um einen Cent vergünstigt. Lindt lag nun bei 14 Cent und Hershey's bei null Cent. In Folge hatte sich das Ergebnis umgedreht: 69 % entschieden sich für die Hershey's Schokolade anstelle der von Lindt.

Was ist passiert? Beide Schokoladen wurden um denselben Betrag rabattiert. Eigentlich sollten die Passanten nach der Kosten-Nutzen-Theorie immer noch dasselbe Verhalten zeigen. Doch auch hier zeigt sich: Gibt man Menschen ein kostenloses Angebot, geht von diesem ein unwiderstehlicher Reiz aus.

„QUID PRO QUO"

Vielleicht hast du schon einmal von dem Gesetz der Reziprozität gehört, auch als das Gesetz der Gegenseitigkeit oder
Wechselbezüglichkeit bekannt. Das Ganze funktioniert nach
dem alten Prinzip „quid pro quo": Jede Leistung erfordert
eine Gegenleistung und wir Menschen streben immer nach
einem Ausgleich. Der Kellner, der dir zu deiner Rechnung
zwei Bonbons mit auf die Schale legt, wird von dir höchst-
wahrscheinlich ein höheres Trinkgeld bekommen, als derjenige, der dir die Rechnung einfach so in die Hand drückt.

Hast du in der Vergangenheit einen Bahnstreik miterlebt? An
größeren Bahnhöfen siehst du in so einem Fall nicht selten
Mitarbeiter eines Bus-Reiseanbieters in knallgrünen Jacken,
die Give-aways an die sich ärgernden Bahnreisenden verschenken. Das Gesetz der Reziprozität wird hier voll ausge-
nutzt. Der Busanbieter steht beim Bahnstreik natürlich positiv dar, gleichzeitig möchte der Bahnreisende seinen Ärger
ausgleichen. Die Wahrscheinlichkeit eines zukünftigen Ti-
cketkaufs beim besagten Busunternehmen steigt.

Was du aus all diesen Beispielen für dich und dein Unternehmen lernen kannst? Es kann sich extrem lohnen, für deine
potenziellen Kunden in Vorleistung zu gehen und ihnen etwas zu schenken - sei es nur eine kleine Aufmerksamkeit.
Fordere dafür keine Gegenleistung ein, sondern gebe deinen
Kunden eine Kostprobe. Schenke deinen Kunden beispielsweise ihr erstes Produkt und qualifiziere sie damit vor. Oder
du schenkst ihnen hochwertigen Content in Form von Blo-
gbeiträgen, Videos, Gratiskursen, E-Mail-Marketing, E-Books
oder Checklisten. Diese kostenfreien Informationsprodukte
werden auch als Freebies bezeichnet. Wobei kostenfrei hier
nicht das richtige Wort ist, denn sie bezahlen mit ihren Kontaktdaten. Im Grunde durchlaufen sie einen Kaufprozess. Du
machst ihnen das bestmögliche Angebot und anstatt, dass sie
dafür Geld bezahlen, geben sie dir die Erlaubnis, sie zukünftig zu kontaktieren. Sei es per E-Mail, SMS, Messenger, Fax,
Brief oder auf einem anderen Weg.

Sobald du etwas an einen Kunden verschenkt hast, erhält er einen ersten positiven Eindruck und nimmt dein darauffolgendes Angebot anders war. Er ist bestrebt, im Sinne der Reziprozität wieder ein Gleichgewicht herzustellen und wird das Angebot mit einer sehr viel höheren Wahrscheinlichkeit wahrnehmen. Deswegen ist das bestmögliche erste Angebot für einen neuen Kunden oft ein kostenloses.

Viele Experten nutzen diese Strategie, indem sie 90 % (oder mehr) ihres Wissens gratis herausgeben und nur an den letzten 10 % verdienen. Auch wir verschenken Bücher und betreiben mit Gründer.de eine riesige Plattform mit kostenlosem Content. Wir halten darüber hinaus diverse kostenlose Webinare für unsere Kunden und Fans bereit. All das tun wir mit der klaren Zielsetzung, die Unsicherheit ab- und Vertrauen aufzubauen. Erst im Anschluss gilt es, auf diesem Vertrauen und Interesse aufbauend, ähnliche Produkte anzubieten.

EIN DEAL KOMMT
NIEMALS ALLEIN

―――――

„Aufeinander aufbauende Angebote sind hocheffizient und massiv unterschätzt."

Wenn ein Kunde dein Angebot annimmt, solltest du dich bedanken, aber dich niemals direkt verabschieden. Denn die Annahme eines Angebots qualifiziert den Kunden automatisch für das nächste Produkt oder anders ausgedrückt durch den Kauf eines Produkts verrät der Kunde dir oft sein nächstes Problem. Wer einen Flug bucht, muss am Ankunftsort meist irgendwo schlafen. Er braucht eine Unterkunft. Wer ein Haus kauft, braucht eine Küche. Wer einen Drucker kauft braucht Druckerpatronen und wer Appetit auf ein Hauptgericht hat, lässt sich oft auch noch für ein Dessert begeistern oder zumindest für einen Kaffee.

Es gilt diese Bedürfnisse zu antizipieren und immer die passenden Angebote bereit zu halten. All diese Entscheidungen sorgen dafür, dass sich der Umsatz des Kunden erhöht und sein Customer Lifetime Value steigt. Du verstehst die Bedürfnisse deiner Kunden und machst so deine Kundenwelt insgesamt attraktiver. Gleichzeitig erzielst du mehr Umsatz bzw. einen höheren Deckungsbeitrag, welchen du direkt in die Akquisition neuer Kunden reinvestieren kannst.

Wenn du den Kunden nach einem Autokauf vom Hof fahren lässt und erst in zwei Jahren noch einmal nachfragst, ob er sich vielleicht auch für eine Pflegepolitur oder eine Fertig-garage begeistern möchte, hast du diese Potenziale bereits verschenkt.

Wer sich jetzt fragt, wie er eine Fertiggarage herstellen soll oder wie er überhaupt ein darauf aufbauendes Produkt fin-det, hat das Spiel noch nicht verstanden. Jeder Hersteller oder Verkäufer wird dir mit Freuden teils ziemlich hohe Pro-visionen zahlen, wenn du ihm zusätzlich Verkäufe bringst. Genau wie du über Partner neue Kunden gewinnen kannst, kannst auch du selbst Partner sein und weiteres Umsatzpo-tenzial erschließen.

"The best buyer is the buyer" heißt es so schön. Niemand ist so interessiert an deinen Produkten, wie jemand, der gerade bei dir gekauft hat. Nutze dies bestmöglich.

Generell wird bei den genannten Zusatzverkäufen zwischen Upsell und Crosssell unterschieden. Während man unter Up-sell eigentlich den Verkauf eines höherwertigen Produkts oder einer höherwertigen Dienstleistung versteht - also bei-spielsweise das Upgrade eines Economy Kunden in die Bu-sinessclass - bezeichnet Crosssell Zusatzverkäufe, die direkt im Anschluss getätigt werden - also beispielsweise die Hotel-buchung am Zielort. Da die beiden Begriffe häufig synonym verwendet werden, fassen wir der Einfachheit halber beides unter dem Begriff Upsell zusammen.

Wir bauen Upsells in der Regel so ein, dass nach dem Kauf eines Produkts oder eines Eventtickets auf der nächsten Sei-te eine passendes weiteres Angebot unterbreitet wird. Wir nutzen an dieser Stelle zwei Vorteile. Wir wissen durch den ersten Kauf, woran der Kunde potenziell interessiert ist und haben bereits seine Adress- und Zahlungsdaten. Das bedeu-tet, durch einen sogenannten One-Click-Upsale kann der Kaufprozess des Upsales durch einen einzigen Klick auf den Kaufen-Button ausgelöst werden, ohne dass der Kunde er-neut seine Zahlungsdaten eingeben muss. Mittlerweile un-terstützen die meisten Shop- und Zahlungsdienstanbieter auf dem Markt diese Funktion, wie z.B. Digistore24. Der Kauf mit

„ Aufeinander aufbauende Angebote sind hocheffizient und massiv unterschätzt.

Christoph J. F. Schreiber

nur einem Klick hat eine deutlich besser Conversionsrate als ein Prozess, in dem die kompletten Daten ein weiteres Mal eingegeben werden müssen. Allein diese Funktionalität und die damit einhergehende Performance-Verbesserung bringen oft schon mehr ein, als der Zahlungsdienstanbieter an Gebühren kostet.

Es gibt prinzipiell zwei geeignete Zeitpunkte, um im Kaufprozess weitere Angebote zu platzieren:

1. Auf der Checkout-Seite: Auf der Checkout Seite platzieren wir Angebote, die selbsterklärend und sehr nah am Ausgangsprodukt sind. Als du dieses Buch bestellt hast, hattest du u.a. die Möglichkeit das Hörbuch und die digitale E-Book Variante anzuklicken und direkt mit zu bestellen. Diese Form des Upsells wird oft auch als Addon bezeichnet. Der Käufer kann diese einfach durch das Setzen eines Hakens mitbestellen.

2. Nach dem Kauf: Wie oben beschrieben wird der Kunde nach dem Kauf auf eine Upsell-Seite weitergeleitet und kann hier mit nur einem Klick das nächste Produkt kaufen. Es bietet sich hier an, nach dem Kauf des Upsells ein weiteres Upsell auf der nächsten Seite zu platzieren.

Generell gilt es, jede Aufmerksamkeit in deinen Prozessen zu nutzen. Das bedeutet, du kannst auch "Upsells" platzieren, wo gar kein Kaufprozess stattgefunden hat. Wenn sich jemand beispielsweise für ein Webinar oder deinen Newsletter angemeldet hat, kannst du auch hier die Bestätigungsseiten nutzen, um passende Angebote zu platzieren.

Idealerweise baust du nicht nur ein Produkt mit mehreren passenden Upsells, sondern einen ganzen Funnel.

Bei einem Funnel sind alle Produkte perfekt aufeinander abgestimmt und das erste Einstiegsprodukt hat einen sehr niedrigen Einstiegspunkt. Bei diesem ersten Produkt ist nicht das Ziel, Geld zu verdienen, sondern möglichst viele Kunden dafür zu begeistern. Profit wird erst in der Mitte oder manchmal sogar erst am Ende mit den letzten Produkten im Funnel verdient. Typisch sind Funnel mit 3 - 5 Produkten. Im Folgenden schauen wir uns das Ganze mal in Aktion an.

EUROWINGS & DEUTSCHE BAHN

Wer bei seinem Flug in den Urlaub einmal mehr Gepäck benötigt als geplant oder Sonderwünsche beim Bordmenü hat, muss in der Regel bei so ziemlich allen Fluggesellschaften draufzahlen. Günstige Airlines sind sogar darauf angewiesen, über das reine Flugticket hinaus Geld zu verdienen. Am Beispiel von Eurowings möchte ich dir hier einmal zeigen, wie Reiseportale die Funnelstrategie nutzen.

Bereits während einer Buchung wird aufgezeigt, welche Zusatzleistungen zum reinen Flug noch in Frage kommen könnten. Angefangen von der Sitzplatzreservierung, über größere und/oder mehr Gepäckstücke, Snacks und Getränke während des Flugs, Shuttle Service, Mietwagen und Versicherungen bis hin zu einer Hotelbuchung, wird dem Gast größtmöglicher Komfort geboten. Die bekannte dreier Preismatrix findet also auch hier Anwendung.

https://www.eurowings.com/skysales/Select.aspx

Viele Kunden gehen diesen Angeboten nach, da sie alle auf den ersten Blick als sehr relevant erscheinen. Wer verreist, muss irgendwo übernachten, sich fortbewegen und es besteht immer das Risiko, krank zu werden und die Reise doch nicht antreten zu können. Auch die Deutsche Bahn verwendet diese Strategie in ihrem Buchungssystem und bietet schon während des Bestellprozesses zusätzliche Dienstleistungen für die Reise an.

Im Folgenden möchte ich dir einen Einblick in unsere Upsell Prozesse geben und erläutern, wie wir diese zu einem ganzen Funnel zusammenfügen.

PRAXISTEIL 3

FREEBOOK- & ONLINE-
KONGRESS-FUNNEL

Der moderne Buchdruck wurde im 15. Jahrhundert von Johannes Gutenberg erfunden und hat den Wissensaustausch nachhaltig revolutioniert. Wenn du unsere Plattform Gründer.de etwas verfolgst, dann wird dir aufgefallen sein, dass wir immer wieder Bücher verschenken und du nur die Versand- und Produktionskosten von 4,99 € übernehmen musst. Da macht dieses Buch keine Ausnahme. Das Ganze funktioniert extrem gut, um neue Kunden zu gewinnen und um Vertrauen und Expertenstatus aufzubauen.

Wir sind es gewohnt, dass Bücher im Durchschnitt 10 bis 30 € kosten, sie im Gegensatz zur digitalen Welt inzwischen schon etwas besonderes sind und man sie eher nicht wegschmeißt. Bücher lösen bei den Menschen auch heute noch wertvolle Assoziationen aus.

Durch die extrem niedrige Preishürde der Versand- und Produktionskosten bei einem recht großen Benefit schaffen wir es, viele Kunden davon zu überzeugen, sich für eines unserer Bücher zu entscheiden. Wir verdienen an diesem Produkt zwar noch kein Geld, aber gewinnen viele neue Besucher für unsere Webseiten und bringen sie dazu, direkt den ersten Schritt in unserem Funnel zu machen. Entscheidend ist dabei, dass sie sich dann auch für die darauf folgenden Produkte interessieren, mit denen wir letztlich das Geld verdienen.

Gratisbücher werden immer erst am Ende des Funnels profitabel, da hier nur noch die Kunden übrig bleiben, auf die unsere Produkte maximal zugeschnitten sind. Das sind bei uns die Kunden, die bei ihrer Gründung persönliche Unterstützung brauchen, die die ersten Schritte mit uns gemeinsam gehen wollen, also diejenigen, die einen Kickstart realisieren wollen. Sie können sich am Ende des Funnels für das gleichnamige Coaching bei uns im Büro bewerben.

Machen wir diese Art des Funnels am Beispiel eines unserer Bücher mal etwas konkreter: Bei Gründer.de verschenken wir "Das Taschenbuch für Gründer". In diesem Buch erfahren die Leser alles, was sie für eine erfolgreiche Gründung wissen müssen. Im Warenkorb hat der Kunde zudem die Möglichkeit durch das simple Setzen eines Hakens ein AddOn hinzuzubuchen. In diesem Fall ist das eine Hörbuchversion des Produkts im Wert von 14,99 €. Hat ein Kunde das Taschenbuch gekauft, wissen wir, dass sein Interesse für die Themen Gründung und Online-Business sehr groß ist. Direkt nach dem Erwerb des Buchs wird als Upsell die Gründer.de Akademie für 49 € angeboten. Ein thematisch relevantes Produkt für alle Käufer vom Taschenbuch.

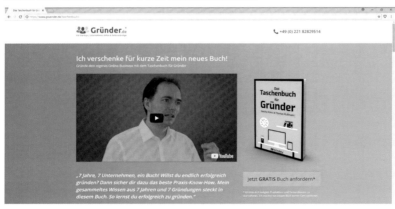

https://www.gruender.de/taschenbuch/

Im dritten Schritt geht es folgendermaßen weiter: Entweder der Kunde kauft den Upsell (Die Gründer.de Akademie) oder nicht. Auf beiden Aktionen können wir aufbauen und aktionsbezogen perfekt zugeschnittene Angebote präsentieren.

Kauft ein Kunde den ersten Upsell vom Taschenbuch nicht, kommt er auf eine Bewerbung für ein kostenfreies Strategiegespräch, in dem genau sein individueller Bedarf geklärt wird. Falls unser Kickstart Coaching eine passende Lösung für ihn ist, bieten wir ihm dieses an. Auch bei den weiteren Upsells wird dem Käufer das kostenfreie Strategiegespräch angeboten.

Kauft ein Kunde den Upsell, bieten wir ihm auf der dritten Ebene ein weiteres passendes Produkt an. In diesem Fall ist das unsere Sofort-Traffic-Promotion. Hier bewerben wir das Projekt des Kunden an über 50.000 Social-Media-Kontakte für einmalig 299 € statt 599 €.

Sagt der Kunde auch zu diesem Angebot ja und zeigt uns somit sein Vertrauen, bieten wir ihm auf der vierten Ebene eine weitere Promotion per E-Mail an. Die Preise der hier angebotenen Pakete bewegen sich zwischen 990 € und 4.990 €. Besonders wirksam ist es auch, wenn wir im Upsell-Prozess Daten wie z.B. den Namen aus dem Bestellformular auf unserer Seite verwenden. Auf der Upsell-Seite im letzten Schritt steht demnach z.B.: "Max, hier ist Dein E-Mail-Newsletter als Gründer.de Kunde & Leser!". Kauft der Kunde auch ein Komplettpaket ist der Buchungsprozess abgeschlossen und die normale Bestätigungsseite wird ausgegeben.

Dieser Buchfunnel endet an dieser Stelle. Aber unsere Kundenwelt hält natürlich viele weitere potenzielle passende Angebote mit entsprechend aufbauenden Funnels bereit. Der Käufer ist jetzt auch in unserem E-Mail-Funnel und bekommt weiterhin passenden Content sowie relevante Angebote von uns zugeschickt. Mehr dazu erfährst du in bei der Regel 4, "Rede mit deinen Kunden".

Das Gratisbuch ist ein Produkt, welches viel Aufmerksamkeit generiert und sich optimal für Impulskäufe eignet. Das Angebot ist so gut, dass der Kunde vor dem Erwerb nicht lange überlegen muss und stattdessen den absoluten Vorteil sieht.

Dieser Vorteil führt dazu, dass die Hemmschwelle für einen weiteren Kauf gesenkt wird. Gratisbücher sind Leadmagneten der Königsklasse.

ONLINE-KONGRESSE: WIE WIR DIE WEITERBILDUNG REVOLUTIONIERTEN

Jährlich veranstalten wir bei Digital Beat drei führende Online-Kongresse mit über 100.000 Teilnehmern und teilweise über 50 Referenten. Es können deutlich mehr Menschen an Online-Kongressen teilnehmen als an Offline Events, da Einschränkungen wie eine begrenzte große Location, Anreiseaufwand und Aufenthaltskosten wegfallen. Stattdessen kann man von überall aus live über das Internet beim Kongress zuschauen.

Die Organisation eines solchen Events ist dennoch auch als reine digitale Veranstaltung immer wieder eine große Herausforderung für unser Team und ich bin jedes Mal aufs Neue begeistert, wie sich jeder Einzelne bei uns dafür ins Zeug legt. Noch größer ist aber die Herausforderung auf unternehmerischer Ebene. Ich meine damit die Monetarisierung des Events. Die Teilnahme sowohl am Finanz- als auch am Gründer- und Erfolgskongress ist kostenlos. Um unsere Kosten zu decken, mussten wir kreativ werden. Ein ausgefeilter Funnel war der Schlüssel dazu. Wie unser Funnel in Bezug auf Veranstaltungen funktioniert, möchte ich dir gerne am Beispiel Gründerkongress zeigen.

In den Aktionsphasen ist die Anmeldung für den Kongress immer kostenlos möglich, wodurch wir viele Anmeldungen generieren und die Entscheidung beschleunigen. Damit hat der Nutzer Zugang zum Stream und kann sich zu den Kongresszeiten die Vorträge anschauen. Als ersten Upsell nach der kostenlosen Anmeldung verkaufen wir die sogenannte VIP-Lounge. Diese beinhaltet die Aufzeichnungen aller Vorträge und Präsentationen der Speaker mit dem Bonus, dass sie sich der Nutzer ansehen kann, wann und so oft er möchte.

Wer die VIP-Lounge nicht kaufen möchte und somit noch kein Geld bei uns ausgegeben hat, bekommt als Einstiegsprodukt unser Taschenbuch für Gründer als Geschenk angeboten. Nimmt der Kunde das Buch an, was hohes Interesse für Gründungsthemen beweist, werden ihm daraufhin Tickets für das Gründerkongress Finale in Berlin vorgeschlagen.

Nimmt der Kunde das Taschenbuch nicht an, dann wird ihm unsere Gründerkongress-Facebook-Gruppe empfohlen. Der Kunde ist aktuell noch nicht bereit Geld auszugeben. Durch die Facebook-Gruppe können wir ihn aber weiter an uns binden und ihn eventuell zu einem späteren Zeitpunkt zu einem Kauf motivieren.

Entscheidet sich der Kunde für die VIP-Lounge, wird als Upsell ebenfalls das Finale vom Gründerkongress in Berlin angeboten, da er dann eine relevante Zielgruppe für das Event darstellt. Nachdem der Kunde ein Event-Ticket gekauft hat, wird er auf eine Bewerbungsseite für ein kostenloses Beratungsgespräch geleitet. Im Anschluss an dieses Gespräch wird ein hochpreisiges Coaching für Gründer angeboten. Inzwischen kennst du ja das Spiel: Sagt der Kunde nein, dann wird ihm wieder das Taschenbuch präsentiert. Sind alle Schritte durchlaufen, wird er wieder auf unsere Facebook-Gruppe verwiesen.

Teilnehmern, die den Funnel nicht zu Ende durchlaufen sind, führen wir im Rahmen des Kongresses verschiedene Wege auf, um wieder in den Funnel zurückzukehren. So gibt es z.B. die Möglichkeit, Fragen direkt an die Referenten zu stellen. Um dieses Feature zu nutzen, muss man jedoch VIP-Lounge Kunde sein. Ebenso wird immer wieder auf die Aufzeichnungen verwiesen, die es nur in der VIP-Lounge gibt, um sich die Vorträge noch einmal in Ruhe anzusehen und das Beste herauszuziehen.

Hier nochmal eine Übersicht von unserem Gründerkongress-Funnel:

Du siehst, das Geld wird erst später im Funnel gemacht und nicht direkt beim Initialprojekt. Setze den richtigen Fokus. Stelle deinen Kunden in den Mittelpunkt und mache mit den richtigen Leads zur richtigen Zeit die besten Angebote. Mit unserem Zahlungssystem prüfen wir im Funnel zudem, ob ein Kunde ein bestimmtes Produkt schon hat und bieten es ihm dann nicht erneut an.

Ein Deal kommt niemals allein. Baue dir mit einem Funnel eine automatische Vertriebsmaschine mit aufeinander aufbauenden Angeboten.

Damit du online profitabel wirst, sollte es dein Ziel sein, Leads automatisiert in Sales umzuwandeln und zwar so gut, so oft, so schnell und so günstig wie möglich. Mit unseren Gratisbüchern werden aus unseren Leads direkt Kunden, welche bereits bei uns gekauft haben und daher sehr wahrscheinlich auch weitere Produkte kaufen werden.

REDE MIT DEINEN KUNDEN

"Niemanden kannst du so leicht erreichen, wie deine Kunden. Nutze dies gewinnbringend so oft wie möglich."

Wir haben bereits gelernt, dass wir durch jede Aktion eines Kunden, insbesondere durch jeden Kauf, mehr über die Person erfahren. Wir sprechen hier von der Weiterqualifizierung eines Kunden. Es ist sehr wahrscheinlich, dass ein zufriedener Kunde weitere Produkte bei dir kauft, wenn du es richtig anstellst. Du solltest regelmäßig und proaktiv mit deinen Kunden kommunizieren, um weitere Geschäftspotenziale bestmöglich zu nutzen. Wir treten beispielsweise drei Mal pro Woche mit unseren Kunden per E-Mail in Kontakt.

Wenn du ein neues Angebot am Markt platzierst, kannst und solltest du das natürlich, wie im Rahmen der ersten Regel, "Mach dich sichtbar", gelernt, an neue Kunden kommunizieren.

Du wirst aber merken, dass es deutlich einfacher ist, dieses Angebot an deine bestehenden Kunden zu verkaufen. Deswegen solltest du der Kommunikation mit deinen bestehenden Kunden größtmögliche Aufmerksamkeit schenken. Wenn wir beim Bild der Kundenwelt bleiben, dann ist die Kommunikation mit deinen Kunden mit kleinen hellen Scheinwerfern zu vergleichen, die du auf einzelne Produkte innerhalb deiner Kundenwelt richtest, um deine Kunden gezielt darauf aufmerksam zu machen. Der Vorteil liegt in den deutlich geringeren Kosten und der höheren Relevanz für deine Kunden auf Grund der bestehenden Geschäftsbeziehung.

Es ist ungleich leichter, bereits bestehende Kunden für dein Produkt zu begeistern als neue Kunden. Warum? Deine Bestandskunden kennen dich, sie vertrauen dir soweit, dass sie sich bereits für eines deiner Produkte entschieden haben. Soweit das Angebot auch wirklich relevant und bestmöglich dargestellt ist, werden sie mit hoher Wahrscheinlichkeit auch auf dieses eingehen.

Deswegen ist es sinnvoll, in den Bereich viel Energie fließen zu lassen und eine klare Strategie zu erarbeiten, um das Potenzial von deinem Kundenstamm zu maximieren.

Wir haben bereits gelernt: Je mehr Umsatz ein Kunde macht, desto höher sein Wert. Wenn deine Kundenwelt einen höheren Kundenwert produziert, als die der Konkurrenz, dominierst du diesen Bereich. Du erwirtschaftest mehr Umsatz und Erlöse pro Kunde und kannst mehr reinvestieren.

Der entscheidende Unterschied zwischen der Regel 1, "Mach dich sichtbar", und Regel 4, "Rede mit deinen Kunden" liegt in der Qualität der Kontakte und der Kosten für die Reichweite. Das Vertrauen deiner Kunden ist als Ausgangsbasis sehr viel wertvoller als die Möglichkeit, deine Botschaft an eine komplett kalte Zielgruppe auszuspielen. Kalt bedeutet in diesem Fall, dass die Personen noch keine nennenswerten Berührungspunkte mit deiner Marke hatten. Die Kanäle, über die du deine Kunden erreichst, können die gleichen sein, über die du auch neue Kunden erreichst. Aber diese nehmen deine Botschaft bereitwilliger auf bzw. idealerweise hältst du sogar eine andere spezifischere Botschaft für sie bereit.

Den Unterschied macht der Bereich mit dem etwas veralteten Namen "Direktmarketing". Hier trittst du - ohne zwischengeschaltetes Medium eines Dritten - direkt mit deinen Kunden in Kontakt. In diesem Bereich fallen Werbung via Brief, E-Mail, SMS, Telefon oder auch Browser Push Notification.

Extrem spannend ist an dieser Stelle die Schnittmenge von neuen und alten Technologien. Was wir aktuell immer mehr sehen und auch selber intensiv einsetzen ist Vertriebspower am Telefon, unterstützt durch aktuellste Online Marketing Strategien. Telefon ist der Kanal, um in Online Vertriebsprozessen durch die individuelle Beratungskompetenz und die Überzeugungskraft eines Menschen den Verkaufsprozess zu befeuern. Key Account Manager am Telefon sind die Sales Force der digitalen Welt.

Gerade wenn man sich mit den neuesten Online Marketing Kanälen beschäftigt, mag ein Brief oder auch eine E-Mail veraltet wirken, aber damit tut man dem Medium unrecht. Wenn du mich vor 10 Jahren gefragt hättest, ob E-Mail Marketing noch eine Zukunft hat, wäre meine Antwort ein klares "Nein" gewesen, weil ich nur von außen darauf geblickt habe. Heute weiß ich, dass E-Mail Marketing selbst 10 Jahre später immer noch unser mit Abstand wirkungsvollster Kanal ist. Hier erreichen wir fast alle unsere Kunden mit einem vergleichsweise geringen Aufwand. Die Kosten hierfür reduzieren sich auf Manpower und die Kosten unserer E-Mail Marketing Software. In Hinblick auf Kosten und Effektivität ist dieser Kanal für uns unschlagbar.

Der Experte für diesen Bereich ist mein Freund und Geschäftspartner Thomas Klußmann, den ich im folgenden Praxisteil zu Wort kommen lassen möchte.

MEHR UMSATZ DURCH EXZELLENTES E-MAIL-MARKETING

Gastbeitrag von Thomas Klußmann

Hast du tausende Follower auf Facebook, Instagram und Twitter? Wenn du viele Fans in den sozialen Medien und Business-Netzwerken hast, dann ist das zwar eine feine Sache, aber du baust doch auch kein Haus auf gepachtetem Grund, oder? Die Fans auf Facebook gehören nicht dir, sie sind quasi nur gemietete Reichweite. Die Nutzer gehören Facebook. Daher ist E-Mail-Marketing eines der wichtigsten Mittel überhaupt. Hiermit holst du die Nutzer auf dein eigenes Grundstück.

Meiner Meinung nach ist E-Mail-Marketing das Instrument, mit dem man den höchsten Return on investment (ROI) erzielen kann. Du musst den Nutzer nur einmal in deine Liste bekommen und kannst diesen dann dauerhaft und jederzeit erreichen. Du kannst hierüber Kundenbeziehungen aufbauen und das auch noch automatisiert. Verschiedene Experten sagen, dass es mindestens sieben Kontaktpunkte braucht, bis ein Interessent kauft. Im Internet sind es häufig sogar noch mehr. Mit E-Mail-Marketing schaffst du genau diese Kontaktpunkte und bleibst dem Kunden im Gedächtnis erhalten.

Du kannst E-Mail-Marketing für deine Interessenten und Kunden verwenden. Interessenten sendest du bspw. gezielte Werbeaktionen und deinen Kunden gibst du wertvolle Tipps zu gekauften Produkten und bewirbst hierbei deine Upsells.

TIPP NR. 1: DER PERFEKTE VERSANDZEITPUNKT

Wir alle bekommen jeden Tag unzählige E-Mails, aber nur wenige davon werden tatsächlich geöffnet und noch weniger werden dann auch wirklich komplett durchgelesen. Nutzer werden im Internet mit Informationen überflutet und sind von Netzwerken wie Facebook das schnelle durchswipen von Infos gewöhnt. Die Geschwindigkeit nimmt hier immer weiter zu und viele Informationen sehen Nutzer somit gar nicht mehr.

Bei einer von Mailworkx durchgeführten Studie mit über 75 Millionen analysierten E-Mails im ersten Halbjahr 2018 lag die durchschnittliche Öffnungsrate bei 19,56 %. Die durchschnittliche Klickrate lag in derselben Studie bei 3,32 %. Man kann hierbei noch zwischen B2B und B2C unterscheiden. Im B2B Bereich liegt die Öffnungsrate bei 25,63 % und die Klickrate bei 4,76 % im Durchschnitt. Im B2C Segment liegt steht die Öffnungsrate bei 16,82 % und die Klickrate bei 2,67 %.

Der richtige Versandzeitpunkt der E-Mail spielt eine wichtige Rolle, damit die Nachricht gelesen wird und nicht im Postfach des Empfängers untergeht. Wie viel Zeit vergeht zwischen Versand und Öffnung einer E-Mail? Fast 50 % aller Öffnungen erfolgen in den ersten vier Stunden nach Versand der E-Mail und nach 24 Stunden haben bereits 80 % aller Öffnungen stattgefunden. Die Wahrscheinlichkeit, dass Nutzer danach noch eine E-Mail öffnen, wird immer geringer.

Versende E-Mails auf Grundlage von Nutzerhandlungen. Gerade in dem Moment, wo sich ein Kunde mit dir und deinem Angebot beschäftigt, ist die Wahrscheinlichkeit, dass er deine E-Mails öffnen wird, am höchsten. Als Beispiel nehme ich hier gerne mein Online Marketing Praxishandbuch. Direkt nach der Bestellung bekommt der Kunde eine E-Mail, in der ein kostenfreies Beratungsgespräch mit unseren Experten beworben wird. Diese E-Mail hat eine Öffnungsrate von 66,50 % und 19,40 % klicken dann auch auf den Link zum Bewer-

" **"** Niemanden kannst du so leicht erreichen, wie deine Kunden. Nutze dies gewinnbringend so oft, wie möglich,

Christoph J. F. Schreiber

bungsformular.

Ein anderes Beispiel sind hier die E-Mails, die wir an unsere Affiliate-Partner versenden. Unmittelbar nachdem sich ein neuer Partner registriert hat, bekommt er eine E-Mail mit Informationen zu dem Produkt, das er bewerben will. Beim Praxishandbuch hat diese E-Mail eine Öffnungsrate von 60,90 % und eine Klickrate von 28,70 %. Du siehst, dass es extrem gut funktioniert, E-Mails auf Grundlage von Nutzerinteraktionen zu versenden.

Bei normalen Mails aus deinem Funnel solltest du statistische Erkenntnisse als Grundlage nehmen. Hier ist es am sinnvollsten, wenn du den Test mit deiner eigenen Zielgruppe machst, da man hier ein Verhalten selten pauschalisieren kann. Der Tag mit den meisten Aussendungen ist sowohl im B2B- als auch im B2C-Bereich der Mittwoch, am wenigsten E-Mails werden am Sonntag versendet. Im B2C-Segment besteht Sonntag sowohl die beste Öffnungsrate als auch die beste Klickrate. Bei B2B-Mails hat man im Durchschnitt am Donnerstag die höchste Öffnungsrate und am Dienstag die höchste Klickrate. Die allerbeste Öffnungsrate gibt es hier im Durchschnitt am Donnerstag um 18:00 Uhr mit 29 % und die beste Klickrate am Mittwoch um 13:00 Uhr mit 7,30 %.

TIPP 2: KNALLENDE BETREFFZEILE

Innerhalb weniger Sekunden entscheiden Nutzer, ob sie deine E-Mail öffnen oder liegen lassen. Der Betreff ist der einzige Teil deiner E-Mail, den der Nutzer schon zu Gesicht bekommt, bevor er die Mail überhaupt geöffnet hat. Hier muss man das Interesse wecken und klar machen, dass es sich lohnt, die E-Mail zu lesen.

Arbeite an deinen Betreffzeilen. Sie sind mit der wichtigste Teil deiner E-Mail. Wir Menschen sind von Natur aus neugierig und wollen wissen, wie etwas aufgelöst wird. Arbeite hier mit Fragen wie z.B. "Bist du mit deinem Marketing zufrieden?" oder einfachen Behauptungen "Deshalb funktioniert dein Marketing nicht!". Achte auch darauf, dass deine Betreffzeile möglichst kurz ist. So wird sie vom Nutzer definitiv gelesen und selbst am Handy in der Vorschau vollständig angezeigt. Normalerweise geht man hier von maximal 60 Zeichen aus. Auf kleinen Smartphone Displays musst du sogar nur mit 30 Zeichen auskommen, wenn dein Betreff in der Vorschau komplett angezeigt werden soll.

Versuche dein Hauptthema gebündelt zu beschreiben, fordere deinen Leser zu einer Handlung auf und nutze auffällige Satzzeichen. Um Aufmerksamkeit zu erzeugen kannst du auch farbige Symbole wie Emojis verwenden (z.B.: Die coolsten 🌴 Reiseziele im Sommer 2019! ☺).

Beantworte in deinem Betreff gängige W-Fragen (Wer, Was, Wie, Warum, Wann) und arbeite mit starken Wörtern, welche die Aufmerksamkeit auf sich lenken und somit noch mehr Neugierde beim Nutzer hervorrufen. Da das menschliche Gehirn die Bereiche am Anfang und am Schluss des Betreffs besonders stark wahrnimmt, solltest du diese Wörter hier platzieren. Hier ein paar starke Wörter, die du verwenden kannst:

Nomen	Verben	Adjektive/Adverben
Fakten	gewinnen	verblüffend
Ideen	überzeugen	nützlich
Geheimnis	erreichen	einfach
Tricks	sparen	wirkungsvoll
Tipps	verraten	erfolgreich
Innovationen	vermeiden	sinnvoll
Erfolg		kostenlos
Gründe		garantiert
Wahrheit		neu

Zahlen im Betreff sind ebenfalls eine sinnvolle Methode, damit du die Öffnungsrate weiter verbesserst. Zahlen vermitteln deinen Lesern ganz unterbewusst fachliche Kompetenz von deiner Seite und geben dem Nutzer auch noch klarer zu verstehen, was er genau bekommt. Zusätzlich kannst du wie du es von Christoph bereits auf den Verkaufsseiten gelernt hast, mit Verknappungen arbeiten. So schaffst du Dringlichkeit und sorgst dafür, dass Nutzer deine E-Mail sofort öffnen.

TIPP 3: VERMEIDE SPAM

Über 80 % aller versendeten E-Mails sind heute Spam, also E-Mails, welche Nutzer nicht haben wollen. Ein Spam-Ordner ist heute in jedem Postfach Standard und deine Nachrichten sollten auf keinen Fall dort landen. Auch wenn du als Versender zu den Guten gehörst, musst du das den E-Mail-Providern erst einmal beweisen. Die Spam-Filter bewerten eingehende Nachrichten nach einem klaren Muster. Hat deine Mail zu viele Spam-Punkte, landet sie im Spam-Ordner. Auslöser können kleine Phrasen, Wörter, Formatierungen oder Farben in deiner Nachricht sein.

Mögliche Spam-Fallen:

» Problem: Keine Zahlen mit "000" verwenden
  ▸ Lösung: Auf- oder Abrunden, z.B. 10.500 statt 10.000
» Problem: Wörter in CAPSLOCK mit 4 Buchstaben oder mehr, z.B. XING
  ▸ Lösung: Kleinschreibung, z.B. Xing
» Problem: Diese Wörter nicht verwenden: Gratis, Kostenlos
  ▸ Lösung: Synonym "kostenfrei"
» Problem: Dieses Wort nicht verwenden: wahnsinnig
  ▸ Lösung: Synonyme wie unglaublich, fantastisch verwenden

» Problem: Diese Wortkombination nicht verwenden: "Geld verdienen"
  ▸ Lösung: Synonyme wie "Geld generieren/erhalten" oder umschreiben
» Problem: diese Wörter nicht verwenden "Millionen, Mio."
  ▸ Lösung: Umschreiben in "Mio"
» Problem: Dieses Wort nicht verwenden "Affiliate"
  ▸ Lösung: Schreibfehler "Affilliate"
» Problem: URL mit 6 oder mehr aufeinanderfolgende Zahlen, z.B. DigiStore Affiliatelink
  ▸ Lösung: URL-Shorter
» Problem: Spam-Filter mögen keine Wiederholungen in E-Mails. Als Wiederholungen gelten Zeichen, die in einer E-Mail drei oder mehr als drei Mal in Folge vorkommen. Dazu zählen unter anderem wiederkehrende Zeichen, zum Beispiel „+++", „===" oder „###", Satzzeichen, zum Beispiel „!!!", „???" oder „---", Auslassungspunkte („..."), Zahlen mit Serien von Nullen, zum Beispiel „10.000" oder „10 000", identische Textpassagen, zum Beispiel mehr als zwei „Jetzt hier klicken"-Links.
  ▸ Lösung: Wiederholung vermeiden, Synonyme verwenden, mit dem Satzbau arbeiten

TIPP 4: ANGEBOT SO SCHNELL WIE MÖGLICH UNTERBREITEN

Macht es dir Spaß deine E-Mails zu lesen? Die meisten Menschen haben eigentlich keine Lust, E-Mails zu lesen. Man wird geradezu mit Newslettern zugeschüttet. Wenn du ein tolles Angebot hast, warum solltest du dann damit warten? Um möglichst vielen Leuten dein Angebot zu unterbreiten, bevor sie die E-Mail wieder wegklicken, solltest du so schnell wie möglich von deinem Angebot erzählen. Das verringert Conversionabbrüche enorm.

Mit der Erhöhung der Produktpreise ändert sich das selbstverständlich. Aber Einstiegsprodukte bis 50 € lassen sich so sehr gut über E-Mails als Impulskauf vermarkten. Du kennst das sicherlich von meinen Büchern. Hier bekommst du das Angebot bereits im Betreff unterbreitet. Du kommst als Leser gar nicht drum herum, von meinem Angebot zu erfahren. Kein langer Text, keine große Story, direkt glasklar das Angebot: Ich schenke dir ein Buch.

TIPP 5: SCHREIBE SO, ALS WÜRDEST DU DIE E-MAIL EINEM FREUND SCHICKEN

Gib deinen E-Mails ein Gesicht und schreibe an deine Leser so, als würdest du dich mit einem Freund unterhalten. Menschen kaufen am liebsten von anderen Menschen und nicht von großen Firmen ohne Gesicht. Schreibe persönlich, sodass dich deine Nutzer kennenlernen und Vertrauen zu dir aufbauen.

Verwende eine persönliche Sprache, damit deine Mail weniger wie ein Newsletter wirkt. Das fängt schon damit an, dass du deine Leser mit Vornamen ansprichst, duzt und auch als Person im Absender auftauchst. Du musst in deinen E-Mails zudem so relevant wie möglich sein. Nutze die verfügbaren Daten, die du hast und selektiere deine E-Mails. Ein No-Go ist es beispielsweise, Kunden Werbung für ein Produkt zu schicken, welches diese bereits besitzen.

GEHEIMTIPP: DIE P.S.-ZEILE

Beim Thema Betreff habe ich dir ja bereits gesagt, dass das menschliche Gehirn den Anfang und das Ende von Texten am stärksten wahrnimmt. Der Standard-Nutzer fängt an, eine E-Mail zu lesen und überfliegt dann den Rest, ohne wirklich aktiv zu lesen und verweilt wieder etwas länger auf dem

Schluss. Nutze das Ganze, um hier gezielt Aufmerksamkeit zu erzeugen. Hier einmal ein Beispiel, wie ich das bei Webinaren umsetze

P.S.: Lange wurde "Duplicate Content" (also doppelter Inhalt) verflucht. Doch richtig eingesetzt, ist es **eine echte Online-Marketing-Waffe – welche jedoch bisher fast niemand nutzt.** Wie das geht, erkläre ich dir im Webinar.

--

REGEL
FÜNF

LERNE UND MACHE DEIN BUSINESS JEDEN TAG BESSER

„Online kann man alles messen. Nutze die Ergebnisse, um dein Unternehmen stetig zu verbessern."

Stell dir vor, dir wäre ein Hund zugelaufen. Was machst du? Als erstes braucht ein Tier etwas zu trinken und zu essen. Aber was frisst der Hund normalerweise? Du würdest dich vermutlich am Standard-Angebot im Supermarkt orientieren und vielleicht Olli anrufen, der hat nämlich einen Hund. Auf dieser Basis bekäme der Hund etwas zu essen. Aber was er so richtig gerne mag, weißt du dadurch noch nicht. Da hilft nur eines: Ausprobieren. Ich würde ihm nach und nach verschiedene Leckereien vorsetzen und beobachten, was ihm schmeckt. Der Hund kann ja leider nicht sagen, was er am liebsten hätte und vielleicht wüßte er es auch gar nicht, da er manche Angebote noch nicht kennt.

Was können wir aus dieser Metapher für die Erstellung von Angeboten lernen? Am besten schaust du dir zunächst die Angebote und Präsentationen der Konkurrenz an und fragst jemanden, wenn du entsprechende Kontakte hast, der sich damit auskennt. So erhältst du zumindest einen ersten Anhaltspunkt. Allerdings ist das nicht ausreichend. Das schöne am digitalen Marktplatz ist, dass du alles messen kannst. Diesen Vorteil solltest du bei jeder Maßnahme und jeder neuen Idee nutzen. Das bedeutet konkret: Teste deine Seite regelmäßig und so häufig, bis du valide, zuverlässige Ergebnisse hast. Einer der beliebtesten Statistikdienste ist Google Analytics, mithilfe dessen auch wir unsere Webseiten überwachen und analysieren. Mehr dazu im Praxisteil.

"Wenn ich die Leute gefragt hätte, was sie sich wünschen, hätten sie "schnellere Pferde" geantwortet." Diesen Satz soll Henry Ford einst gesagt haben. Deine Kunden werden dir nicht sagen, welcher Köder ihnen am besten schmeckt. Zumindest wirst du das bessere und verlässlichere Ergebnis erzielen, wenn du dein Produkt am Markt testest. Wenn dir 100 Kunden in einer Befragung erzählen, dass sie das Produkt kaufen würden, ist das für mich nicht so viel wert, als wenn sich 10 Kunden tatsächlich dafür entscheiden. Deswegen solltest du eigene Erkenntnisse direkt auf dem Markt sammeln und sie vor allem sauber dokumentieren. Davon profitiert dein Unternehmen nicht nur punktuell und kurzfristig sondern auch langfristig.

Durch Testreihen kannst du beispielsweise herausfinden, wie dein Produkt heißen soll. Gerade bei neuen Produkten, bei denen der ideale Name noch nicht feststeht und im Unternehmen vielleicht unterschiedliche Meinungen dazu bestehen, bietet es sich an, zwei Varianten der Verkaufsseite zu erstellen und zu testen, mit welchem Namen es sich besser verkauft. Empfinden deine Kunden Testimonials in Video- oder Textform überzeugender oder sollte vielleicht beides auf die Seite? Welches zentrale Produktversprechen überzeugt am besten? All das sind Dinge, die du testen solltest und die auch wir regelmäßig testen.

Der einzige feste Richtwert ist dabei die Anzahl an Produkten und Verkäufen, denn um statistisch valide Ergebnisse zu erzielen, brauchst du eine entsprechende Menge an Besuchern und Verkäufen. Statistisch valide bedeutet, dass deine Ergebnisse nicht zufällig zustande kommen, sondern mit einer hohen Wahrscheinlichkeit von üblicherweise 95 % so reproduzierbar sein werden. Die meisten Tools zum Splittest wie z. B. Google Optimize zeigen dir direkt an, ob dein Ergebnis statistisch valide ist.

Testen kannst du in fast allen Bereichen und es funktioniert immer gleich. Du erstellst verschiedene Versionen und zeigst den Besuchern zufällig eine der beiden Varianten an. Das funktioniert bei Werbeanzeigen, bei Webseiten aber auch bei E-Mails oder dem Test von verschiedenen Preisen. Wichtig ist, dass die Optimierung immer mit einem klaren Ziel erfolgt, auf das optimiert wird, also beispielsweise die Anzahl der Klicks in einer E-Mail zu optimieren oder bei einem Preistest den Umsatz zu maximieren.

Nach jedem Test erfährst du mehr über deine Seite und deine Kunden. Du weißt, ob sich die getestete Maßnahme positiv, negativ oder gar nicht auf den Verkauf des Produkts und damit auf die Customer Lifetime deiner Kundenwelt auswirkt. Es geht darum, herauszufinden, welche Seiten oder Kampagnen so verbessert werden können, dass der Verkaufsprozess optimiert, die Conversion Rate gesteigert und schließlich der Kundenwert erhöht wird.

Durch das Optimieren deines Verkaufsprozesses baust du deine Dominanz immer weiter aus, indem du den Kundenwert sowie die Kundenzahl erhöhst und die Konkurrenz immer weiter hinter dir lässt.

PRAXISTEIL 5

WIE UND WAS
WIR TESTEN

Die Auswertung unserer Kampagnen und das stetige Lernen aus den Ergebnissen ist eine zentrale Säule des Erfolgs von Digital Beat und Gründer.de. Testen hilft uns, die Erfolgsquote immer weiter zu optimieren. Besonders im E-Mail-Marketing liefert uns das bei jeder E-Mail nützliche Ergebnisse.

E-MAIL TESTS

Bis auf wenige Ausnahmen wird jede E-Mail, die wir verschicken, zunächst getestet. Die einzelnen Tests werden an eine kleine Gruppe unserer Empfänger und die entsprechend bessere Version anschließend an alle Teilnehmer ausgeliefert. Hierzu möchte ich dir einmal ein paar Beispiele geben.

Bei der Einladungsmail zu einer kostenfreien Videoreihe haben wir mit über 83.000 Empfängern folgenden Test gemacht: In Version A der E-Mail war die E-Mail-Adresse des Nutzers in der Betreffzeile enthalten und in Version B der Vorname.

(A) „Kostenfreier Spiegel-Bestseller für E-MAIL"

(B) „Sei ein Gewinner, VORNAME"

Version A war in unserem Test der Version B um 42,60 % überlegen. Hieraus ergab sich, dass die Anrede mit der E-Mail-Adresse des Nutzers besser funktionierte, als wenn wir ihn bei seinem Vornamen ansprachen.

Bei einem anderen Test haben wir den Vornamen des Nutzers in der Version A an den Anfang der E-Mail gesetzt („VORNAME, letzte Chance: Frühbucher-Phase endet") und in der Version B ans Ende („Frühbucher-Aktion endet heute, VORNAME"). Diesen Test haben wir mit über 43.000 Lesern durchgeführt. Ergebnis war, dass Version A mit dem Vornamen am Anfang der Version B um 94,40 % überlegen war.

PREISTESTS

Schaue über den Tellerrand hinaus und trau dich auch mit Preisen zu experimentieren. An keinem Punkt hast du einen so direkten Einfluss auf den Erlös, wie bei der Gestaltung von Preisen. Sie beeinflussen Umsatz und Kaufwahrscheinlichkeit. Es wäre fahrlässig, keine eigenen fundierten Ergebnisse zu sammeln.

Durch Preistests konnten wir beispielsweise die Verkäufe unserer Bücher extrem steigern. Wir testeten den Preis von 6,95 € gegen 4,95 €. Heraus kam, dass die Version mit 4,95 € 19 % mehr Verkäufe generiert. Anschließend testeten wir noch einmal 4,95 € gegen 4,99 €. Mit der Gewinnervariante von 4,99 € konnten wir die Verkäufe nochmals um 5 % steigern.

Wichtig ist hierbei die Zielsetzung zu beachten. Bücher stehen bei uns am Anfang des Funnels, deswegen ist es hier sinnvoll, die Anzahl an Verkäufen und nicht den Umsatz zu maximieren.

KAMPAGNENTESTS

Wie du bestimmt schon bemerkt hast, schalten wir auch Werbung auf Facebook und Instagram. Auch hier testen wir. Für jede Kampagne werden verschiedene Anzeigen gestaltet, bei denen sowohl Texte als auch Videos oder Bilder variiert werden. Egal ob digitale Produkte, Events oder physische Produkte, am Anfang jeder unserer erfolgreichen Werbekampagnen steht eine Testphase.

Dabei testen wir hauptsächlich zwei verschiedene Variablen: Wir testen verschiedene Zielgruppen, um die am besten konvertierende zu finden. Außerdem testen wir verschiedene Bilder und Videos, die alle unser Angebot aus einem anderen Blickwinkel verkaufen. Beide Variablen haben bei Werbeanzeigen den größtmöglichen Einfluss auf einen positiven Return on Investment, man nennt sie Makro-Variablen. Erst, wenn deine Werbeanzeigen funktionieren und erste Daten gesammelt haben, solltest du zum Beispiel Farben, Überschriften oder Emojis (sogenannte Mikro-Variablen) testen.

Was sich jetzt vielleicht sehr kompliziert für dich anhört, kann sehr leicht am Praxisbeispiel einer Kampagne erklärt werden.

FACEBOOK ZIELGRUPPEN TEST – CONTRA MARKETING NIGHT

Der relevanteste Splittest für fast alle unsere Kampagnen testet verschiedene Zielgruppen gegeneinander. Mit der richtigen Zielgruppe lassen sich Anzeigen langfristig profitabel skalieren und man generiert zuverlässig neue Ergebnisse. Unter Facebook Marketern gibt es die Faustregel, dass 80 % des Geldes auf Facebook durch die Auswahl der richtigen Zielgruppe verdient wird.

Die Contra Marketing Night ist ein neuer, kostenloser Online Kongress. Dementsprechend hat er noch keine bisherigen Teilnehmer, die man bei Facebook targetieren kann oder als Basis für eine Lookalike-Audience (statistischer Zwilling) nutzen kann. Deshalb haben wir rudimentär gebrainstormt, für welche Zielgruppen das Event interessant sein könnte. Daraus ergaben sich folgende Zielgruppen, die wir in Facebook gegeneinander getestet haben.

Als kalte Zielgruppen definierten wir:

» Zielgruppe mit Facebook Interessen Online Marketing und Unternehmertum.

» Zielgruppe aus Besuchern von der Gründer.de Plattform im letzten Monat.

» Lookalike-Audience aus Erfolgskongress Teilnehmern.

» Lookalike-Audience aus Contra Teilnehmern.

» Lookalike-Audience aus Kunden, die an mindestens 4 Kongressen teilgenommen haben.

» Lookalike-Audience aus Kunden, die mindestens 200 € bei uns ausgegeben haben.

Als warme Zielgruppen definierten wir:

» Zielgruppe aus Besuchern von der Contra Webseite.

» Zielgruppe aus Teilnehmern des Erfolgskongresses.

» Zielgruppe aus Kunden in unserer E-Mail Liste.

» Zielgruppe aus Menschen, die auf Facebook ein Werbevideo zur Contra gesehen haben.

Diese Zielgruppen wurden über den Zeitraum von einer Woche mit verhältnismäßig niedrigem Budget bespielt. Am Ende des Tests wurde verglichen, welche Zielgruppe auf unsere vier Werbevideos zur Contra Marketing Night am Besten reagiert. Die hier verwendete Metrik ist der durchschnittliche Prozentsatz, zu welchem die Videos angeschaut wurden, also je höher der Durchschnittswert, desto relevanter das Angebot für die Zielgruppe.

Die Ergebnisse nach einer Woche haben uns überrascht:

» Interessen (Online Marketing und Unternehmertum)	79,18%
» Besucher von Gründer.de	77,43%
» Lookalike-Audience aus Erfolgskongress Teilnehmern	68,34%
» Lookalike-Audience aus Contra Teilnehmern	68,07%
» Lookalike-Audience > 4 Kongress	59,43%
» Lookalike-Audience > 200€	59,38%

Wie man sehen kann, unterscheiden sich die Durchschnittswerte der Videos enorm. Mit diesem ersten Testergebnis kann man jetzt sein Budget auf die relevanten Audiences fokussieren und nach und nach für ein neues Produkt oder Event eine profitable Zielgruppe aufbauen.

VIDEO TEST – CONTRA MARKETING NIGHT

Nachdem wir herausgefunden haben, welche Zielgruppe für uns relevant ist, ging es ans Testen der verschiedenen Videos. Für die Marketing Night überlegten wir uns 4 verschiedene Videos, die zur Anmeldung zum Event motivieren sollten. Die Videos waren alle 15 Sekunden lang und im Hochkant Format auf das Mobiltelefon optimiert.

Jedes der Videos startete mit einem anderen Aufhänger, mit einer anderen Story. Wir überlegten uns folgende 4 Videos::

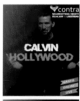

» Speaker Trailer
  ▸ Hier werden die Referenten des Events vorgestellt

» Event Trailer
  ▸ Hier wird der Inhalt und der Rahmen des Events vorgestellt (Werteversprechen, Datum, Fakten, Gratis)

» Triple Treat
  ▸ Dieses Video ist eine Kombination aus dem Trailer und den Fotos der Referenten

» Geburtstag
  ▸ Die Contra Marketing Night wurde anlässlich zum 6. Geburtstag der Contra ins Leben gerufen, also haben wir diesen Aspekt in ein Video verpackt.

Auch hier wurden alle 4 Videos mit der gleichen Metrik über einen kurzen Zeitraum getestet. Im finalen Meeting vor den Tests waren wir uns alle sicher, dass das Video über den Geburtstag wohl am Besten funktionieren wird. Das Ergebnis dieses Tests sollte uns alle überraschen:

»	Speaker Trailer	80,27%
»	Event Trailer	77,64%
»	Triple Treat	65,78%
»	Geburtstag	42,48&

Wider Erwarten kam der Geburtstags-Trailer vergleichsweise schlecht an. Unsere These dazu ist, dass die potenziellen Kunden keinen Wert für sich selbst in diesem Video sehen und obwohl es unterhaltsam ist, früh ausschalten.

Zu beachten ist hier die Strategie, die Prozentzahlen der Videoaufrufe miteinander zu vergleichen. Normalerweise würde man die Kosten pro Conversion oder pro Klick miteinander vergleichen. Diese Strategie hier ermöglicht allerdings einen schnellen und kurzen Test ohne großes Budget. Gerne kannst du bei höherem Budget auch direkt auf Conversion testen und nicht auf Videoaufrufe.

Auf Kampagnenebene wird das Ganze über das Laufzeitbudget geregelt. Überlässt man Facebook die Führung und lässt den Algorithmus das Budget auf die Zielgruppen verteilen, wird hierbei recht schnell automatisiert entschieden, was am besten funktioniert.

Möchte man hingegen komplett unvoreingenommen Tests durchführen und selbst entscheiden, wann man genug statistisch relevante Daten gesammelt hat, erstellt man eigenständig mehrere Zielgruppen, in der jeweils eine Ad liegt. Im Anschluss vergleicht man die Klickraten und Preise und erhält die Zielgruppe, die am besten funktioniert. Besonders gut funktionieren Makro Tests, wo du beispielsweise unterschiedliche Interessen oder Platzierungen gegeneinander testest.

FACEBOOK TEST GRÜNDERKONGRESS

Wir führen Splittests bevorzugt auf Zielgruppenebene durch. Hier haben wir im Test immer die gleichen Anzeigen, zur gleichen Zeit, mit gleichem Budget, gleichem Alter, gleichem Ort, gleichem Geschlecht, aber unterschiedlicher Quelle. Es gibt dabei vier Arten von Quellen, die wir nutzen: Interessen, Custom Audiences von Webseiten, Custom Audiences aus Excel-Tabellen und Custom Audiences basierend auf Engagement.

Beim Gründerkongress haben wir mit Interessen gearbeitet und uns die Frage gestellt, was Gründer gut finden und warum sie gründen. Dabei sind wir auf vier Arten von Interessen gekommen, die passend waren:

» Startup Stuff (Business Angel, Andreessen Horowitz, Silicon Valley, Fortune 500, Private equity)

» Funding (Venture Capital Firmen + Keywords aus diesem Bereich)

» Berühmte Gründer (Thiel, Musk etc.)

» Magazine (Business Punk, wired, manager magazin, entrepreneur).

Ergebnis:

» Magazin 0,81€ CPC (CTR 0,84%)

» Funding 0,87€ CPC (CTR 1,19%)

» Gründer 0,88€ CPC (CTR 1,09%)

» Startup Stuff 0,93€ CPC (CTR 1,94%)

Für ein Event wie dem Gründerkongress ist die Zielgruppe Startup Stuff natürlich am relevantesten, es hat die höchste Klickrate, ist allerdings auch am teuersten. Das liegt daran, dass es für diese Zielgruppe viele Werbeanzeigen gibt und das Gebotsverfahren bei Facebook ziemlich umkämpft ist. Daher ist diese Zielgruppe so nicht profitabel erreichbar. Nutzer, die Magazine lesen, klicken zwar seltener, kosten auf 1000 Impressionen aber nur 30% von der Startupzielgruppe (CPM 6 vs. 18€). Somit ist diese Zielgruppe für uns profitabel zu erreichen.

STORY-TEST GRÜNDERKONGRESS

Instagram Stories sind das neue Big Brother. Die User sehen, was ihre Stars, Vorbilder und Freunde gerade so machen. Zwischen den Stories ist es mittlerweile möglich, Werbung zu schalten. Da wir wie auch jedes andere Unternehmen verschiedene Kundensegmente haben, ging es darum, folgende Stories zu erstellen und gegeneinander zu testen:

» Fakt zum Thema gründen
  ▸ 80% aller neu-gegründeten Unternehmen scheitern.

Komm zum Gründerkongress und lerne, wie du es besser machst.

» Freiticket
  ▸ Sicher dir deine Freikarte (Annahme, dass wir einen Kundenstamm an Leuten haben, die sich ohnehin für vieles anmelden, das gratis ist).
» Du hast keinen Spaß im Job
  ▸ Komm zum GK und lerne zu gründen und etwas zu tun, was du liebst.
» Du hast keinen Erfolg im Job
  ▸ Komm zum GK und lerne zu gründen und etwas zu tun, worin du erfolgreich bist.

Jedes Kundensegment reagiert anders. In unserem Beispiel werden Leute mit Gründungserfahrung auf den Fakt besser reagieren als auf ein Gratisticket. Leute, die einen für sie als langweilig empfundenen Job haben, werden auf die letzten beiden Videos am besten reagieren.

Ergebnisse:

Digital Beat Zielgruppe	Unternehmer mit tiefergehendem Online Marketing Wissen	
» Fakt	6€/Anmeldung	0,70 CPC - 2,78% CTR
» Spaß	8€/Anmeldung	0,67 CPC - 3,76% CTR
» Erfolg	10€/Anmeldung	0,67 CPC - 3,76% CTR
» Freikarte	20€/Anmeldung	0,89 CPC - 1,96% CTR

Gründer.de Zielgruppe	Gründer oder Gründer in der Vorgründungsphase mit Online Marketing Affinität	
» Freikarte	7,5€/Anmeldung	1,16 CPC - 1,17% CTR
» Spaß	8,8€/Anmeldung	0,80 CPC - 2,06% CTR
» Erfolg	11,5€/Anmeldung	0,83 CPC - 2,24% CTR
» Fakt	12,5€/Anmeldung	0,99 CPC - 1,46% CTR

Schaut man sich die reinen CPC-Zahlen an, so funktionieren Spaß und Erfolg bei unseren Zielgruppen am besten. Zu beachten ist jedoch auch immer die Conversion im Hintergrund, d.h. die tatsächlich entstandenen Anmeldungen für den Gründerkongress. Allgemein hat uns dieser Test gezeigt, dass je mehr Einkommen eine Zielgruppe hat, desto teurer ist diese zu erreichen. Das liegt daran, dass insgesamt mehr Unternehmen mit dir im Wettbewerb stehen, welche ihre Werbung auch deiner Zielgruppe ausspielen wollen.

WEBSEITEN TESTS

Webseitentests werden mit Hilfe eines geeigneten Tools wie z.B. Google Optimize aufgesetzt. Das Tool sorgt dafür, dass jedem Besucher zufällig eine der beiden Testvarianten angezeigt wird und misst das Conversion Ziel also beispielsweise den Klick auf einen Button oder das Absenden eines Formulars. Gleichzeitig bekommt man direkt eine Übersicht über die aktuelle Verbesserung und ob das Ergebnis bereits signifikant ist.

Einen spannende Test, den wir durchgeführt haben, möchte ich euch an dieser Stelle beispielhaft zeigen. Wir haben uns gefragt, ob es erfolgversprechender ist auf einer Anmeldeseite für ein kostenloses Online Event direkt das Formular einzubauen oder das Formular erst nach Klick auf den Button "Ticket sichern" anzuzeigen.

Für die erste Variante spricht, dass Reibungspunkte minimiert werden, aber der Kunde sieht direkt, dass er sich mit seinen Daten anmelden muss, was zu Abbrüchen führen könnte. Bei der zweiten Variante ist der Weg länger. Der Kunde klickt zunächst auf den Anmeldebutton, danach öffnet sich das Formular, das er ausfüllen und danach durch einen zweiten Button Klick abschicken muss. Der Vorteil ist jedoch, dass der Kunde sich durch den Klick auf den ersten Button bereits dafür entscheidet, an dem Event teilzunehmen und die Zweifel in Bezug auf die Eingabe der Daten erst im zweiten Schritt aufkommen können.

Wir waren uns vorab nicht sicher, was besser funktionieren würde und umso erstaunter waren wir vom Ergebnis:

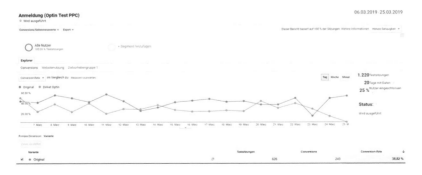

Die zweite Variante erzielte eine Performance Verbesserung von 56 %. Derart große Unterschiede sind auch für uns nicht alltäglich, aber sie unterstreichen, wie wertvoll es ist zu testen. Wir hätten umgekehrt 56 % mehr Werbebudget aufwenden müssen um das gleiche Ergebnis mit der alten Variante zu erzielen.

SCHNELLSTART, WIE TESTE ICH EIGENTLICH?

Nutze deine Möglichkeiten und führe selber Tests durch. Beim E-Mail-Marketing bietet Klick-Tipp viele nützliche Funktionen. Du kannst zwei E-Mail-Versionen ganz einfach gegeneinander splittesten, indem du sie an eine Testgruppe aus bspw. 20 % deiner Liste versendest und die bessere Version an die restlichen 80 %. Ob verschiedene Betreffzeilen oder ganze Mailinhalte, lass deiner Kreativität freien Lauf. Auch bei minimalen Verbesserungen hast du am Ende des Tages mehr Umsatz in der Kasse.

Mit dem kostenlosen Tool Google Optimize kannst du Splittests auch auf deiner Webseite durchführen. Es bietet dir die Möglichkeit, ganze Seiten oder nur einzelne Inhalte wie z.B. verschiedene Texte und Anordnungen gegeneinander zu testen. Du musst hierfür nur einen kleinen Codeschnipsel von Google Optimize auf deiner Seite einfügen.

Bei Facebook Werbeanzeigen erfolgt das Austesten verschiedener Zielgruppen anhand der Interessen. Dieselben Anzeigen können je nach targetierter Zielgruppe völlig unterschiedliche Ergebnisse zeigen. Neben Zielgruppen auf Interessenbasis, kannst du auch die Platzierungen (Newsfeed, Side-Banner, Story, Desktop, Mobile) und Auslieferungsoptionen im Sinne von Tagen und Zeiten testen.

Auch bei Google AdWords Anzeigen kannst du verschiedene Platzierungen und Zeiten sowie unterschiedliche Keywords testen. Wenn deine Anzeige sich ausschließlich an Geschäfts-kunden richtet, dann macht es Sinn, nur unter der Woche Geld zu investieren und dies bevorzugt an Desktop-Compu-tern. Ein wichtiger Qualitätsfaktor ist dabei die Landingpage. Die einzige Aufgabe dieser Seite ist es, die Suchintention des Nutzers zu beantworten. Hier kannst du wieder mit Google Optimize arbeiten und verschiedene Landingpages zu deiner Anzeige austesten.

Wenn du schon mal auf der Contra warst, weisst du sicher-lich, dass wir bei Digital Beat besonders viele digitale Expe-rimente durchführen. Dadurch sind wir in der Lage, unse-ren Kunden durch exklusives Wissen und unsere neuesten Wachstumsstrategien Wettbewerbsvorteile zu verschaffen. Wir haben uns zum Ziel gesetzt, dass unsere Kunden nie wie-der Umsatzpotenzial verschenken, nur weil sie eine Strategie nicht kennen oder nicht richtig anwenden.

Unternehmen können nur wachsen, wenn Sie mehr verkau-fen, mehr an einem Verkauf verdienen oder dafür sorgen, dass die Frequenz erhöht wird, also Kunden erneut kaufen (Retention Marketing). Hierfür reicht es nicht, einfach mehr Traffic auf deine Webseite zu holen. Du musst deine kom-pletten Funnels ständig überwachen und optimieren. Nur so wirst du deinen Kundenwert optimieren und gleichzeitig für zufriedenere Kunden sorgen.

An dieser Stelle möchte ich dir unseren Performance Space ans Herz legen. Hier erhältst du unsere smartesten Strategi-en und die genialsten Hacks aus dem digitalen Marketing – in Echtzeit. Wir teilen unsere Testergebnisse mit dir brandaktu-ell und ständig aktualisiert. So bleibt dein Business modern und dein Marketing aktuell. Das garantiert dir höchstmögli-che Umsätze. Monatlich findet hier zusätzlich ein Experten Coaching statt. Komplexe Strategien werden hier einfach erklärt. Wir zeigen dir, wie du sie noch schneller umsetzen kannst und deiner Konkurrenz immer einen Schritt voraus bist. Tausch dich über unsere Online-Mastermind mit ande-ren smarten Unternehmern aus. So lernst du geheime Takti-ken und Wissen, an das sonst keiner rankommt.

Als Leser dieses Buchs möchte ich dich einladen, den Performance Space drei Monate lang kostenlos zu testen. Regulär kostet die Mitgliedschaft 99 € pro Monat. Ich möchte dir als Leser dieses Buches drei Monate im Wert von 249 € schenken, damit du auch über dieses Buch hinaus weitere Impulse mitnehmen kannst, um in der digitalen Sphäre zu dominieren! Nutze beim Quartalsabo einfach diesen

Gutscheincode:
DDXJWZD (https://digitalbeat.de/space/).

REGEL SECHS

AUTOMATISIERE ALLES

„Clever automatisierte Prozesse sparen Zeit und Geld und sorgen für jede Menge frischen Umsatz, während sich deine Mitbewerber ein Bein ausreißen, um Schritt zu halten."

Automatisierung wurde erstmals im Rahmen der Industrialisierung Wirklichkeit, indem Maschinen die Arbeit übernahmen, die zuvor von Hand getätigt wurde. Heutzutage ist Automatisierung allgegenwärtig. Selbst die freundliche Klofrau auf der Autobahnraststätte wurde von Sanifair zumindest in puncto Abrechnung durch einen Automaten ersetzt. Die digitale Welt ist ein Ort, an dem sich nahezu alles automatisieren und strukturieren lässt:

» das Versenden von (personalisierten) E-Mails.

» das Bereitstellen und Verbreiten spezifischer Inhalte.

» die Segmentierung von Leads.

» die Abwicklung der Aftersales-Prozesse.

» die Veröffentlichung von News und Postings.

» die Kommunikation und Kundenbindung.

Worin liegt der Sinn, alles zu automatisieren? Automatisierte Prozesse sind enorm **zuverlässig**. Menschen machen Fehler, sie vergessen Dinge und ermüden bei sich wiederholenden Aufgaben. Automatisierte Anwendungen laufen wie ein Uhrwerk und das auch nachts und an Sonn- und Feiertagen, ganz ohne Zuschläge. Sie helfen, potenzielle Kunden zu identifizieren und zu pflegen, bis sie zum Kauf bereit sind. Das stellt eine enorme Arbeitserleichterung für dein Team dar, welches nun mehr Zeit hat, sich auf das Große und Ganze zu fokussieren. Automatische Prozesse prägen die Wahrnehmung der Kunden und haben direkten Einfluss auf die **Nutzerfreundlichkeit**. Indem du ihren Weg durch deine Webseite verfolgst, erhältst du gleichzeitig ein umfangreiches Bild über ihr Verhalten. Du lernst zu verstehen, was ihnen wichtig ist und in welchem **Einkaufszyklus** sie sich gerade befinden. Wenn sich also beispielsweise ein User deine generellen Informationen durchliest, steht er eher noch am Anfang des Prozesses. Wenn er auf den von dir eingefügten Call-to-Action klickt, um mehr Informationen zur Thematik zu sammeln, ist er vermutlich gerade dabei, eine engere Wahl zu treffen. Durch seinen Klick gelangt er dann z.B. automatisch auf eine Landingpage, wo er seine Kontaktdaten in ein Formular eingeben und abschicken kann. An dieser Stelle ist er bereit zur Kontaktaufnahme. Der ideale Zeitpunkt, um ihn mit einer personalisierten E-Mail willkommen zu heißen. Genauso eignen sich Chatbots, mithilfe derer der Nutzer seine individuellen Fragen stellen kann. Spreche deine Kunden mit Vornamen an, denn das baut Vertrauen auf. Diese direkte Kommunikation zwischen dir und deinen Interessenten ist ein besonders wichtiger Bestandteil der Automatisierung.

Mit manuellem Aufwand kann man nicht so **effizient** und kostengünstig arbeiten und sich schon gar nicht in eine Position bringen, in der man die Konkurrenz dominiert. Mit einer Kombination aus den richtigen Taktiken generierst du einen großen Pool an Leads, die du gezielt in zufriedene Kunden umwandeln kannst. Es gilt, die Prozesse **schneller**, **zuverlässiger** und mit einem geringeren Aufwand arbeiten zu lassen als die Prozesse der Mitbewerber. Mit einem Mal wird der **Umsatz erhöht** und sämtliche Kosten verringert.

Man sollte allerdings darauf achten, dass im Unternehmen **Transparenz** und Klarheit beim Umgang mit persönlichen

Daten der Kunden herrscht. Mangelndes Verständnis der Technologien kann zu Bedenken und Misstrauen in Bezug auf die eigene Privatsphäre führen. Der Kunde sollte also unterstützt, aber nicht zu stark in seiner Autonomie eingeschränkt werden.

Ebenso ist es wichtig, dass automatisierte Prozesse regelmäßig aktualisiert und angepasst werden. Überprüfe in bestimmten Abständen, ob sie auch den Effekt erzielen, den du dir von ihnen erhoffst und entferne veraltete Kontakte aus der Datenbank, die deine E-Mails sowieso nicht erreichen.

In der Praxis kann Automatisierung immer auf zwei Arten passieren. Entweder, indem man den Prozess an einen Partner auslagert, dann findet die Automation in dem Sinne statt, dass es keinen manuellen Aufwand mehr im Unternehmen gibt. Oder aber, indem man die Aufgabe von einem Programm, einer Software erledigen lässt, die beispielsweise in Abhängigkeit von verschiedenen Bedingungen E-Mails sekundenschnell an mehrere 100.000 Kunden verschickt.

Wenn du die richtigen Inhalte zur richtigen Zeit an die richtigen Empfänger schickst, hast du ein mächtiges Werkzeug, den Markt wirkungsvoll und nachhaltig zu dominieren.

AUTOMATISIERUNG AM BEISPIEL GRÜNDER. DE E-MAIL-FUNNEL

Auch wir automatisieren unsere Prozesse. Von der Eintragung in unseren Newsletter bis zur postalischen Auslieferung unserer Bücher ist kein Eingreifen unserer Mitarbeiter erforderlich. Alle relevanten Prozesse im Bestellablauf haben wir automatisiert.

Nehmen wir als Beispiel unseren E-Mail-Funnel. Über unser Online-Magazin Gründer.de sammeln wir durch Webinare, Abstimmungen oder E-Books Leads in Form von E-Mailadressen ein. Diese landen dann in unserem E-Mail-Funnel und erhalten nun automatisch alle paar Tage E-Mails von uns, wobei wir den Kunden unsere Kundenwelt Schritt für Schritt vorstellen. Angefangen bei kostenlosen Büchern über Videokurse bis hin zu Coachings in Kleingruppen.

Das Geniale daran ist, dass ein E-Mail-Funnel nur einmalig erstellt werden muss und dann automatisch läuft. Die Nutzer erhalten dann ganz von selbst in vordefinierten Zeitabständen E-Mails. Trägt sich jemand an einem Mittwoch ein, dann bekommt er Donnerstag die E-Mail, in der sich Gründer.de vorstellt. Trägt sich jemand an einem Freitag ein, bekommt er die E-Mail am Samstag. Durch das Tagging-System weiß unsere E-Mail-Marketing-Software zudem immer genau, welche Produkte ein Nutzer schon kennt und spricht ihn darauf dann nicht mehr an. Denn eine unnötig wiederholte "Belästigung" führt zu Ärger und letztlich zur Austragung aus dem Newsletter. E-Mail-Marketing- und Zahlungssystem sind intelligent und vollautomatisch miteinander verknüpft.

Daneben bieten wir Mitgliedschaften auf Abo-Basis mithilfe eines E-Mail-Marketing-Systems an. Sowohl Käufe als auch Kündigungen können Auslöser für E-Mails sein. Hat ein Nutzer seine Mitgliedschaft beendet, so erhält dieser kurze Zeit später eine persönliche Nachricht, in dem die Kündigung bedauert und nachgefragt wird, was zur Kündigung des Abos geführt hat. So schaffen wir Interaktion und sorgen dafür, dass der Kunde sich doch noch einmal mit unserem Produkt beschäftigt und im besten Fall sein Abo wieder aufnimmt.

Unsere Affiliates betreuen wir ebenfalls über E-Mails automatisiert. So werden diese nach der Registrierung bei unserem Partnerprogramm spezifisch mit Informationen zu jenem Produkt versorgt, zu dem sie sich als Partner angemeldet haben. Beim Online-Marketing-Praxishandbuch beispielsweise erhalten die Affiliates Textvorlagen für eigene E-Mails oder Postings in sozialen Netzwerken. Damit können die Affiliates unsere Produkte noch effektiver bewerben, was am Ende beiden Seiten mehr Umsatz einbringt. Würde man hier einen herkömmlichen Affiliate-Manager einsetzen, welcher erst einige Tage später Informationen an die Affiliates verschickt, würde man sicherlich einige Partner verlieren.

Ein Punkt, der vielen Unternehmen zu schaffen macht, gerade wenn immer mehr Kunden hinzukommen, ist das Rechnungswesen. Wir greifen hierzu auf den Anbieter Digistore24 zurück. Dieser übernimmt für uns die komplette Zahlungsabwicklung mit dem Kunden. Will ein Kunde ein Produkt von uns kaufen, so leiten wir diesen auf ein von uns individualisiertes Bestellformular an Digistore24 weiter. Hier trägt der Nutzer alle benötigten Daten ein, wählt seine Zahlungsmethode aus und schließt so die Bestellung ab. Die Rechnungen werden im Namen von Digistore24 gestellt und auch auf die Steuersätze des jeweiligen Landes angepasst. Wir als Verkäufer der Produkte sparen uns so eine Menge Arbeit, haben nicht tausende Einzelrechnungen in unserem System liegen, sondern bekommen nur ein paar Mal im Monat eine gebündelte Gutschrift von Digistore24 ausgezahlt. Müssten wir das ganze Rechnungswesen alleine bewerkstelligen, könnten hiermit mehrere Mitarbeiter Vollzeit beschäftigt werden. Stattdessen nutzen wir die automatisierte Software.

Der große Vorteil von Digistore24 ist, dass sie dieselben Features allen Vendoren zur Verfügung stellen. Selbst wenn du noch kein Produkt verkauft hast und völlig neu startest, kannst du deinen Kunden direkt von Anfang an alle gängigen Zahlungsmethoden und Bestellabwicklungen anbieten, die du auch von großen Unternehmen gewohnt bist.

Bei unseren Kongressen, Videokursen, Hörbüchern etc. nutzen wir als Membership-Tool das WordPress-Plugin Digimember. Dieses lässt sich über eine API-Schnittstelle, welche einmalig eingerichtet werden muss, mit Digistore24 verbinden. Wenn ein Kunde jetzt einen Videokurs von uns kauft, dann schickt Digistore24 ihm nach erfolgreicher Zahlung automatisch seine Zugangsdaten zum Mitgliederbereich. Auf diese Weise sparen wir nicht nur Ressourcen im Bezug auf Mitarbeiter, sondern sichern auch die Kundenzufriedenheit. Der Nutzer muss nicht darauf warten, dass ein Mitarbeiter seinen Zugang manuell erstellt. Bei Aboprodukten wird so außerdem sichergestellt, dass, sollte ein Kunde einmal nicht mehr zahlen oder das Abo kündigen, der Zugang wieder deaktiviert wird.

Beim Versand der Bücher arbeiten wir mit der Firma Logistico zusammen. Logistico hat einen Zugang zur Versandschnittstelle in unserem Digistore24 Account und versendet die Produkte automatisch, sobald neue Bestellungen eingehen. Wenn wir neue Bücher ordern, lassen wir die Paletten auch nicht mehr zu uns ins Büro liefern, sondern direkt an unseren Fulfillment-Partner Logistico.

Um zeitfressende Routineaufgaben, insbesondere bei der Datenübertragung, zu minimieren, nutzen wir die Cloud-Software Zapier. Sobald jemand bei uns das Bewerbungsformular für das kostenlose Strategiegespräch ausfüllt, überträgt

Zapier diese Daten übersichtlich in die korrekten Zellen eines Google-Sheets. Es versorgt unser Telesales-Team mit Leads und den dazugehörigen Daten und gibt an, welche Produkte ein Kunde bereits hat oder noch benötigt. Ebenfalls leitet Zapier Tags aus unserem E-Mail-Marketing-Tool an die Telesales weiter, sodass wir genau sehen können, für welches Produkt sich ein bestimmter Kunde gerade interessiert.

REGEL SIEBEN

MACHE DEINE PERFORMANCE SICHTBAR (CONTROLLING)

„Wenn du dominieren willst, musst du wissen, wie gut du bist. Habe die wichtigsten Kennzahlen immer im Blick."

Wenn du ein Autorennen gewinnen willst, musst du genau wissen, wie schnell du wo fahren musst, welche Temperatur deine Reifen haben dürfen, wie weit du mit deiner Tankfüllung noch kommst und vor allem wie weit deine Konkurrenz entfernt ist.

Wenn du digital dominieren willst, gilt das Gleiche: Du musst deine Performance Zahlen kennen. Im klassischen Marketing ist es schwer zu tracken, wie viele Verkäufe ein Plakat generiert hat. Im digitalen Marketing ist aber genau das möglich. Bei der Regel 5, "Lerne und mache dein Business jeden Tag besser" und auch an anderen Stellen dieses Buches haben wir dir gezeigt, wie du den Status Quo kennen musst, um zu optimieren. Wenn du viel Geld in Performance Kampagnen steckst, solltest du ganz genau wissen, welchen Kundenwert diese Kunden zukünftig erzielen werden. Aber ganz besonders wichtig sind die aktuellen Kennzahlen wie die Conversion Rate der Verkaufsseite, der Umsatz pro Besucher und der Umsatz pro Klick. Damit lässt sich ganz genau sagen, wieviel du mit jedem Besucher oder mit jedem Klick auf einer Seite verdienst. Bei allen relevanten Performance Kampagnen wie bspw. Facebook Ads oder Google AdWords wird auf der Basis

---

von Klicks abgerechnet. Wenn dein EPC, also deine Einnahmen pro Kunde höher sind, als das, was du für einen neuen Kunden in Werbekosten ausgibst, produzierst du mit diesem Prozess einen positiven Cashflow und machst dementsprechend Gewinn.

Damit du diese Kennzahlen auch tatsächlich in regelmäßigen Abständen auswertest und die wichtigsten Faktoren immer im Blick hast, empfehle ich dir ein **Live Dashboard** anzulegen.

Dashboards zählen heutzutage zu den wichtigsten Elementen im Marketing Controlling, werden aber trotzdem oft vernachlässigt. Wenn du noch kein Echtzeit-Dashboard hast, erstellst du oder ein Mitarbeiter die entsprechenden Reportings vermutlich händisch nach Bedarf. Selbst, wenn dies regelmäßig passiert, wirst du relevante Performance Änderungen erst mit einer Zeitverzögerung feststellen. Mit einem Dashboard kannst du hingegen agil Entscheidungen im Hinblick auf deine Unternehmenssteuerung treffen. Obendrein liefert es dir einen ständigen Anreiz, um deine Prozesse noch weiter zu verbessern.

Ich möchte dir einmal zeigen, wie wir das bei uns umgesetzt haben.

DIE WICHTIGSTEN KENNZAHLEN

Für mich ist der EPV-Wert einer der wichtigsten Kennzahlen. Hier handelt es sich um die Earnings-Per-Visitor, also die Einnahmen pro Kunde. Der EPV ist deshalb so relevant, weil er den Erfolg einer Kampagne auf Kundenebene misst. Genauer gesagt, den Umsatz, den du mit einem Kunden erzielst. Das Ganze muss nicht nur auf das Front-End Produkt bezogen sein, sondern kann auch die Umsätze mit den Upsells oder spätere Schritte im Funnel umfassen. Auf dieser Basis lassen sich verschiedene Angebote miteinander vergleichen und vor allem kann man den Umsatz leicht mit dem CPC, also dem, was deine Werbeanzeigen pro Klick kosten, gegenüberstellen.

Eine weitere wichtige Kennzahl ist der EPA (Earning per Acquisition). Dieser Wert bezeichnet, was wir an einer bestimmten Aktion eines Kunden verdienen, z.B. bei einer Eintragung in den Newsletter oder dem Kauf eines Buches.

Der CPA (Coast per Acquisition) bildet hier den Gegenpol, welchen du sicherlich aus Werbenetzwerken wie Facebook oder Google kennst. Auch hier kann auf einfachstem Wege verglichen werden, was eine Aktion gekostet und was sie gebracht hat. So erkennst du auf einen Blick, ob Anzeigen am Ende des Tages profitabel sind oder nicht.

DIE BASICS - GOOGLE ANALYTICS

Google Analytics beinhaltet ein kostenloses Dashboard, mit dem du die Kennzahlen von deiner Internetseite individuell im Blick behältst. Du kannst sehen, in welchem Zeitraum du wie viele Besucher hattest, ob es sich hierbei um neue oder wiederkehrende Nutzer handelt und über welche Quelle diese Nutzer kommen. Du kannst auswerten, wie viel Zeit User auf deiner Webseite verbringen und auch zu welchen Seiten sie von deiner Internetseite aus wieder wechseln. Außerdem

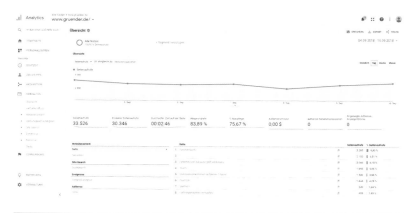

bietet Analytics die Möglichkeit, einen kompletten EPV abzubilden. Mit der Funktion "Trichter-Visualisierung" kannst du beobachten, wenn Nutzer dieselbe Seite zweimal betrachten, indem sie entweder von einer anderen Seite zu dieser zurück navigieren oder wenn sie die Seite aktualisieren. Das ist besonders nützlich, um Interaktionen wie Anmeldungen, Verkäufe, Kontaktanfragen oder Downloads nachvollziehen zu können.

Wenn du deine neue Webseite an den Start bringst, dann ist das Erste, was du tun solltest, deine Seite mit Google Analytics zu verbinden. Die meisten Internetseiten benutzen Google Analytics, um von Anfang an einen Überblick über das Wachstum und den Erfolg ihrer Webseite zu haben. Dieses Tool stellt die Grundlage für deine Webanalyse dar.

SO BAUST DU DIR EIN
MARKETING DASHBOARD

"Ich weiß, die Hälfte meiner Werbung ist hinausgeworfenes Geld. Ich weiß nur nicht, welche Hälfte." Dieses berühmte Zitat über Marketing stammt von Henry Ford.

Ein Dashboard hat die Grundidee eines Cockpits oder Armaturenbretts. Es soll dir zahlenbasierte Informationen in einer gut strukturierten Übersicht darstellen, damit es dir nicht geht wie Henry Ford. Wie viel Umsatz haben deine AdWords Anzeigen gebracht? Über welchen Kanal gewinnst du die besten Leads? Welcher Funnel funktioniert am besten?

Alle für dich relevanten Daten hast du damit in einem Blick. Im digitalen Marketing hast du zahlreiche Tools, mit denen du arbeitest (Google Analytics, AdWords, Google Sheets, Digistore24, etc.). Jedoch kann nicht jeder all diese Programme bedienen, da dies über das Know-how aus dem Tagesgeschäft hinausgeht. Mit den Tools, die ich dir gleich vorstelle, kannst du die wirklich notwendigen Daten aus den verschiedenen Tools übersichtlich und in Echtzeit vereinen. Die Standard-Widgets aktualisieren die Messwerte für dich automatisch, wenn du das Dashboard lädst oder aktualisierst.

Bevor du dein Dashboard erstellst, musst du dir überlegen, welche Daten aus welchen Quellen du darstellen möchtest. Es gilt: Keine Kennzahlen ohne Ziele. Überlege dir vorher genau, wofür du die Kennzahlen am Ende nutzen wirst.

Brauchst du nur eine Übersicht oder verfolgst du ein bestimmtes Ziel? Möchtest du analysieren, eine Entscheidung fällen, eine bestimmten Zeitrahmen betrachten oder periodisch Details herausfiltern? Aus welchen Tools kommen die Daten und welche Messwerte möchtest du visualisieren? Im oberen Abschnitt hast du bereits einen Überblick über die wichtigsten Kennzahlen bekommen.

Um herauszufinden, was genau dein Dashboard abbilden soll, orientiere dich hier an deinem Funnel. Er zeigt dir auf, welche relevanten Punkte es gibt, an denen du Performance-Kennzahlen messen kannst und was die wichtigen Stellen in deinem Conversiontrichter sind. Beispiele wären hier deine Werbeanzeigen, qualifizierter Webseitentraffic, Leads und natürlich Sales.

Bei der Gestaltung eines Dashboards solltest du ein paar Grundregeln beachten. Wichtig ist, dass du es dir und allen anderen Betrachtern so einfach wie möglich machst. Das bedeutet, Farben und Topics dürfen nicht von wichtigen Informationen ablenken. Es sollte schnell klar werden, welche Werte positiv, negativ oder neutral sind. Trenne einzelne Elemente grafisch sinnvoll voneinander ab und streiche unnötige Gitternetzlinien.

Wir nutzen das Google Data Studio. Hiermit kannst du dir selber individuelle Dashboards erstellen und deine Daten damit visualisieren. Du kannst hierbei verschiedene Ressourcen als Datenquelle nutzen und hieraus Berichte erstellen.

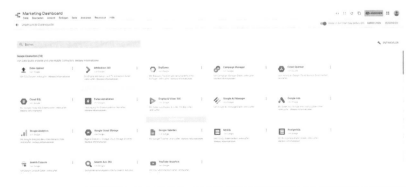

Christoph J. F. Schreiber

Google Data Studio ist kostenlos, für die Nutzung brauchst du lediglich einen Account bei Google. Aufrufen kannst du das Data Studio unter der folgenden URL: www.datastudio.google.com.

ALTERNATIVE 1: CYFE

Eine Alternative zum Google Data Studio ist der Dashboard-Dienst Cyfe. Dieser ist in der Basisversion kostenlos. Bezüglich der Funktionen ist dieses Dashboard nicht so umfangreich wie zum Beispiel das Google Data Studio, dafür jedoch deutlich einfacher zu bedienen.

Um Daten aus anderen Programmen zu importieren, klickst du einfach auf "Add widget" und wählst deinen Dienst wie

z.B. Google Analytics oder Facebook Ads aus. Anschließend musst du das Widget noch konfigurieren, bekommst aber auch hier einfach verständliche Auswahlmöglichkeiten aufgezeigt. Schon ist dein Dashboard hinzugefügt. Zur Veranschaulichung habe ich hier einmal Daten aus Google Analytics in Cyfe importiert:

Eine weitere interessante Funktion dieses Dashboards ist, dass du z.B. bei Instagram auch die Werte deiner Konkurrenz im Blick haben kannst. Du musst hierbei nur den Usernamen eingeben und kannst den Account anschließend direkt als Widget in dein Dashboard einfügen.

Generell eignet sich das Cyfe Dashboard besonders für Neueinsteiger in dieser Thematik. Die Konfiguration ist sehr intuitiv und schnell gemacht. Durch einen einmaligen Login verbindest du dein Dashboard mit einem deiner Tools. Dir werden alle verfügbaren Messwerte und Einstellungsmöglichkeiten vorgeschlagen, sodass du direkt starten kannst.

ALTERNATIVE 2: EXCEL

Eine weitere Alternative zu den Online-Anbietern ist es, dir mithilfe von Excel ein eigenes Dashboard zu erstellen. Es kann sein, dass du dich mit dieser Variante noch ein Stück wohler fühlst, wenn du bereits öfters mit Excel gearbeitet hast. Unter www.digitalbeat.de/kpi/ haben wir dir eine Vorlage erstellt, welche du gerne nutzen darfst. Das Prinzip bleibt bestehen: Auch hier kannst du die Kennzahlen deiner Webseite, deine E-Mails, Podcasts und Social-Media Kanälen gut überwachen. Die Zahlen, die du in die Tabelle einträgst, entnimmst du ebenfalls den entsprechenden Tools wie Google

Analytics oder Klick-Tipp. Hier die rohe Darstellung:

Jeder Lead ist für uns ein Kunde, denn er hat auf irgendeine unserer Handlungsaufforderungen reagiert und unsere Message gekauft. Jeder Aufwand muss sich in mindestens einer relevanten Dimension auszahlen. Um dies sicherzustellen, brauchst du ein gutes Dashboard und musst deine Daten immer in Echtzeit verfügbar haben.

Sei nicht wie Henry Ford, der nicht weiß welche seiner Werbeausgaben rausgeschmissenes Geld sind, sondern erkenne in Echtzeit, ob deine Kampagnen und Projekte profitabel sind.

LOSLEGEN!

Ich hoffe, dieses Buch konnte bei dir Impulse setzen und du planst bereits, wie du deinen Markt dominieren oder deine Dominanz weiter ausbauen kannst. Aber tue mir bitte einen Gefallen und versuch nicht alle Impulse in allen Bereichen auf einmal umzusetzen. Suche dir ganz gezielt den Bereich aus, in dem du als nächstes dominieren willst und fokussiere dich darauf. Widme dich erst dem nächsten Bereich, wenn du dein Ziel erreicht hast. Es ist besser in einem Bereich zu dominieren als es in dreien gleichzeitig versucht zu haben und jeweils gescheitert zu sein.

Überleg dir, welcher Bereich für dich gerade am meisten Potenzial hat, wähle die geeigneten Maßnahmen aus und lass dich von niemandem aufhalten.

Wichtig ist, dass du diese Regeln nicht als Checkliste zum Abhaken begreifst, sondern immer dann, wenn du an dem Punkt bist, an dem du wachsen und dein Unternehmen weiterentwickeln willst, diese Liste heraus holst und dir überlegst, in welchem Bereich du deine Dominanz noch weiter ausbauen kannst. Genauso mache ich es übrigens auch.

Das faszinierende am Online Marketing ist, dass es ständig neue exzellente Marketing Strategien gibt mit denen du weiter wachsen kannst. Das bedeutet aber auch, dass du ständig Up to Date sein solltest. Eine Möglichkeit dazu ist der Performance Space, welchen ich dir am Ende der Grundregel 5, "Lerne und mache dein Business jeden Tag besser", vorgestellt habe. Ich habe dir dafür einen Zugang im Wert von 249€ geschenkt. Falls du den Gutschein noch nicht eingelöst hast, tue das am besten gleich, um mit unseren aktuellsten Strategien zu dominieren.

Die neuesten Strategien der führenden deutschen Online Marketer bekommst du jedes Jahr aufs Neue bei der Conversion und Traffic Konferenz Contra. Auch dies ist eine sehr gute Gelegenheit, um neue Impulse zu bekommen und vor allem um viele bekannte Gesichter persönlich zu treffen.

Mein Geheimtipp, um immer an die passgenauen Ideen zu kommen, die dich auf das nächste Level bringen, ist Masterminding. Dafür tausche ich mich mehrmals im Jahr im Rahmen unserer One Idea Mastermind auf Augenhöhe mit anderen Unternehmern aus. Jeder stellt seine besten Strategien seit dem letzten Treffen in einem kompetitiven Wettstreit vor, dessen Gewinner mit einer vergoldeten Statue belohnt wird.

Wenn du digital erfolgreich sein willst, musst du dominieren. Ich wünsche dir viel Erfolg bei deinem Weg zu digitaler Dominanz.

Jedes Problem sofort und individuell lösen.
Vereinbare jetzt dein kostenloses Strategiegespräch.

DIGITALE DOMINANZ
COACHING

Individuelle
Lösungen und
Antworten
für deine Fragen

Kostenfreies
Beratungsgespräch
mit einem unserer
Head Coaches

Hier bekommst du genau die Hilfe, die du brauchst

Wir möchten dir bestmöglich helfen deinen Markt zu dominieren.
Stell uns deine Ideen vor, hol dir Feedback und lass dich
strategisch von einem unserer Head-Coaches beraten.

WWW.DIGITALBEAT.DE/DBI

Schritt für Schritt zur Digitalen Dominanz.

DIGITALE DOMINANZ
MASTERCLASS

Du willst Marktführer werden? Dann ist diese Masterclass für dich.

Du erhältst erfolgserprobte und praxistaugliche Strategien

Du wirst deine Sales stark erhöhen

Du kannst alles selbstständig umsetzen und nachbauen

ÜBERHOL DIE KONKURRENZ.
DOMINIERE DEINEN MARKT.

WWW.DIGITALBEAT.DE/DMM

SICHER DIR JETZT DEIN TICKET ZUR CONTRA!

Das solltest du nicht verpassen!

Wenn man ein Business auf die wesentlichen Erfolgsfaktoren reduziert, bleiben genau zwei Stellschrauben übrig: Die Generierung von mehr Besuchern und Interessenten sowie die Erhöhung der Kaufrate. Dies ist der Schlüssel zu mehr Umsatz und Gewinn.

Seit 2013 zieht die Conversion und Traffic Konferenz jedes Jahr hunderte Besucher an, die ihren Online-Umsatz maximieren wollen. Jahr für Jahr stehen ausschließlich erfolgreiche Unternehmer auf der Bühne, die ihre beste Strategie verraten, mit denen sie selbst erfolgreich arbeiten.

Du erhältst also pointierte Kurzvorträge von über 30 Referenten mit direkt anwendbarem Knowhow und oben drauf verschiedenen Networking-Möglichkeiten mit den Teilnehmern sowie den Referenten.

DAS EVENT FÜR EXZELLENTES MARKETING.

QUELLENNACHWEISE

Grundregeln der Digitalen Dominanz

» Statsitik KFW, Wachstumschallenge: (https://www.kfw.de/PDF/Download-Center/Konzernthemen/Research/PDF-Dokumente-Gründungsmonitor/KfW-Gründungsmonitor-2017.pdf)

» Statistik KFW, Wachstumschallenge: (https://www.kfw.de/PDF/Download-Center/Konzernthemen/Research/PDF-Dokumente-Gründungsmonitor/KfW-Gründungsmonitor-2017.pdf)

» Statistik Destatis, Wachstumschallenge (30.09.2017): (https://www.destatis.de/DE/ZahlenFakten/GesamtwirtschaftUmwelt/UnternehmenHandwerk/Unternehmensregister/Tabellen/UnternehmenUmsatzgroessenklassenWZ08.html)

» Abb.: eigens erstellte Grafik, Kundenwelt

Regel 1

» Abb.: eigens erstellte Grafik, aufbauend auf PwC 2018, Umsätze mobiler Onlinewerbung in Deutschland in den Jahren 2005-2021 https://outlook.pwc.de/outlooks/2017-2021/

onlinewerbung/

» Abb.: Grafik, aufbauend auf Zenith, Marketing Ausgaben in US$ https://www.zenithmedia.com/internet-advertising-driving-growth/

» Abb.: Screenshot aus https://www.youtube.com/watch?v=jxVcgDMBU94

» Abb.: Eigens erstellte Grafik (über Online Marketing Vermarktungskanäle), keine Vorlage

» Abb.: Eigens erstellte Grafik, Grenzkostenkurve, aufbauend auf (noch ergänzen? Z.B: Gabler Wirtschaftslexikon https://wirtschaftslexikon.gabler.de/definition/grenzkosten-33270)

» Abb.: Kooperationen von Startups mit etablierten Unternehmen (PWC: https://www.pwc.de/de/branchen-und-markte/startups/start-up-studie-2018.html)

Praxisteil 1:

» Abb.: Screenshot aus Facebook Werbeanzeigenmanager https://www.facebook.com/business/ads (18.01.2019)

» Abb.: eigens erstellt Kampagne Rum CS „Alles dreht sich um Rum"

» Abb.: eigens erstellt Kampagne „Suppe des Tages"

» Abb.: eigens erstellt Gin Bilder Rum

» Abb: eigens erstellt „Jetzt Angebot sichern"

Praxisteil 2:

» Abb. Eigens erstellt „Features vs. Benefits"

» Abb.: Screenshot Preismatrix Netflix https://www.netflix.

com/signup/planform (18.09.2019)

» Abb.: eigens erstellt „Farbassoziationen"

» Abb.: Screenshot Exit Popup (z.B. https://marketplace. magento.com/magetrend-mt-exitoffer.html/ https://opt-inmonster.com/40-exit-popup-hacks-that-will-grow-your-subscribers-and-revenue/)

Praxisteil 3:

» Abb.: Screenshot Preismatrix Eurowings https://www.eurowings.com/skysales/Select.aspx (20.09.2018)

» Abb.: Screenshot Gründer Taschenbuch https://www.gruender.de/taschenbuch/

» Abb.: eigens erstellt, GK Funnel E-Mail Marketing

» Abb.: Screenshot Gründer Experten-Kurs Seminar Funnel

Praxisteil 4:

» Abb.: eigens erstellt E-Mail Marketing Funnel

» Abb.: Screenshot Dateneintragung Digistore 24 (Link einfügen)

Regel 7:

» Abb.: Screenshot aus Google Analytics

Praxisteil 7:

» Abb.: Screenshot aus Google Data Studio www.datastudio.google.com.

» Abb.: Screenshot aus Google Data Studio Dyfe

» Abb.: Screenshot aus Google Data Studio Excel